ひろゆきさん、そこまで強く出られない自分に負けない話し方を教えてください！

黙っていても発言力が増すすごい方法

ひろゆき

［西村博之］

サンマーク出版

あげ足をとられて何も言えなくなる
ひどいことを言われてイラっとするけど、言い返せない
自分のほうがいい意見だと思うのに、ほかの人のつまらない意見ばかり通る
どうやって説明しても、相手に言い負かされてしまう
結局、どこでも声が大きい人が強いんですよね……
会議でうまく自分の意見が言えない

話して勝てる
自分になりたいんです。
論破王のひろゆきさん！
ぜひコツを教えてください！

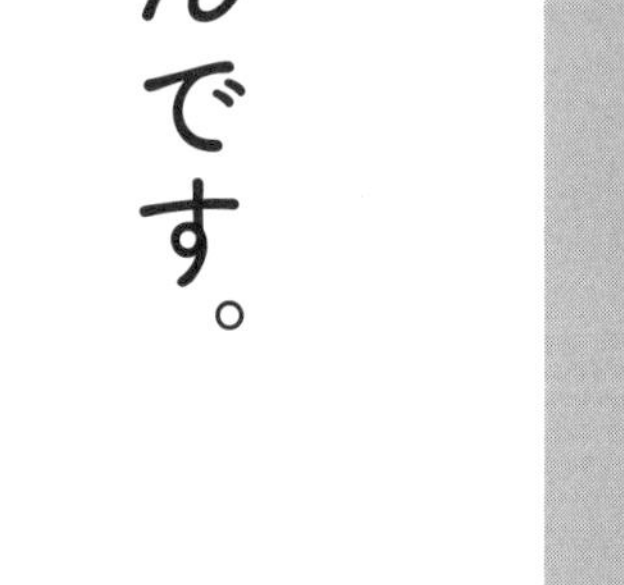

うーん、ちょっと待ってくださいよ。
あなたが相手を論破できるようになったとして、
それって、あなたにとって
大切なことなのですかね？

そもそも、僕なら「勝とう」とはしませんね。
まず、「勝ち負け」にしてしまうところが間違ってる。
ほとんどの場合、**「勝たないほうがいい」**んです。
実生活で論破したって、長い目で見てそんなにいいことはありません。

実際のところ、世の中には、いるだけでその場を持っていってしまう人はいます。

会社や学校には上下関係があるし、

イケメンだったり、力が強そうというだけで、

意見が通ったりすることもあります。

そういう状況にモヤっとすることはあるかもしれませんが、

そんなところで、むやみに勝とうとしても、最終的によいことにはなりません。

でも、だからといって、我慢ばかりする必要はありません。

うまく話せない人、相手に押されがちな人には、そうした人なりの、やり方があります。

本書ではそんな人に向けて、最終的に自分が思った結果を手に入れられるような話し方を紹介していきたいと思います。

はじめに　僕が日常生活では議論で勝とうとしない理由

最初に言っておきますが、**実生活で論破は役立ちません。**

職場でも学校でも何か集団があれば、おかしな意見が通ったり、そのせいで理不尽な思いをしたりして、モヤっとすることは、誰にでもあります。

その気持ちはわかるんですけれど、そんな時にむやみに勝とうとしても、勝ち負け以前に意味がありません。

だって、かりにあなたが相手を打ち負かしたからといって、それってあなたが一瞬気持ちよくなるだけですよね。結局、相手が心の底から納得していなければ、実際のところ何も変わらないし、ただただ関係が険悪になって、かえってよくない事態を招いてしまいます。

討論番組だったら、エンターテインメントの世界なので、論破することにそれなりの意味はあるんです。でも、実生活での論破はまるで役に立ちません。家族や同僚を口喧嘩で言い負かしても、べつに何も解決しませんからね。

「勝ち負け」にこだわる意識を外そう

ですので、いつも言い負かされている自分が嫌で、なんとかそういう自分を変えたいな、と思っているなら、そもそもの「勝ちたい」という目標を見直したほうがいいわけです。

だからといって「負けに甘んじろ」と言うつもりはありません。

うまく自分の考えを伝えきれないなと思う人、相手に押されがちだなと思う人には、そうした人なりの、やり方があるんです。

本書ではそのやり方を紹介していきますが、まずは**会話する中で「勝ち負け」にこだわる意識をはずしてみてください。**

僕も「勝ちたい」などと思って会話をしているわけではありません。「論破王」と言われたりしますが、実生活の場では「言い負けている」ように見えることだって、たくさんあると思います。

でも、表面的に口で勝とうが負けようが、どうだっていいことです。

大切なのは**「その会話において本当に大切なのは何か」ということを、自分でちゃんと見極められているかどうか**なんです。

自分が得をするのに
相手を言い負かす必要はない

で、何が大切なのかというと、**会話の結果、物事がストレスなく進むとか、自分にとってメリットが生じたりするのが望ましい**わけです。

そのためには、相手を言い負かす必要は必ずしもありません。

僕の話に説得されて相手が動くよりも、むしろ言い方を工夫することで相手が自分から僕の思う通りに行動してくれるほうが、その後スムーズに進むわけです。

たとえば、休暇で自分は飛行機に乗って島に行きたいのに、家族がどうしてもドライブで山に行きたがっているとします。その時に「島に行きたい」と真正面から主張しても家族は聞き入れてくれない可能性があります。具体的な理由として当日の天気予報や渋滞の話を交えて「ドライブ旅行をやめるべきだ」などと熱心に説得したところで、かえって反感を買うだけかもしれません。

たとえ正論ではあっても、自分が心から納得していないと、人は自分と異なる意見を必ずしも受け入れてはくれないわけです。

そこで、相手を言い負かす説得という形ではなく、

「休暇中の天気予報だと、山のあたりは土砂崩れの危険性が高いらしいね。渋滞もひどいようだし」

などとつぶやいてみるとしましょう。

「だったら山はやめたほうがいいね。ドライブもやめとこうか」

「いっそのこと飛行機で遠出しない？　島に行くとか」

なんて家族のほうから言い出すかもしれません。

説得せずに相手に動いてもらおう

そもそも日本って、アメリカのように論理的に説得することが肯定される文化とは違うんです。特に集団だと、同調圧力が働いて多数の意見が通りやすい一方、少数の意見は受け入れられにくいので、正論を主張しても軽んじられることは大いにあるわけです。

だからこそ、相手を説得しようなどと思わずに、相手を動かす工夫が必要です。

でも、それって、相手に勝ちを譲ることですよね。そんなことしたら舐《な》められる、というか、軽く見られるんじゃないでしょうか!? 他人から都合よく使われるだけになりそう……。

いえいえ、**「言いなりになって使われる」**のと**「結果のために相手を勝たせる」**は**別**です。

大事なのは「相手を説得して勝つことよりも、結果を自分に有利に持っていく」ことなんです。

一見相手を立てるかのような行動をすると、相手に舐められるのではないかと心配になってしまう人もいるでしょう。日ごろ、頭の上がらない上司を立てて、「よしよし、あいつは俺に従っているな」などと上司に思われてしまうようだと、ストレスが溜まりますし、自分は便利屋のように使われるだけではないかと不安に思うかもしれませんね。

でも、僕が言っているのは、相手の言いなりになることではありません。

たとえば、自分が都合よく使われるのが嫌な人は、「代わりにこれをしてください」など、**プラスアルファで自分が得たいものをアピールするといい**と思います。やりたくない作業をしながら、「これがうまくいったら、今度昇給の時にお願いしますね」と言うとかね。

でないと、

「あの人は、見返りがなくても喜んでやってくれる」

「給料内で満足している人だから、特に何もしなくていい」

と誤解されて、引き続き都合よく使われかねません。アピールは大事なんです。

相手の言いなりにならないためには

まあ「代わりに……」と言ったところで、「仕事だから、やって当然だろう」なんて言われるのが普通だと思うんですけど、3～4回繰り返すと、さすがに「そろそろ何かしてあげなけりゃ」って感じになると思います。

「返報性の原理」といって、人間は施され続けると、何かお返しをしなくてはいけない気になることが心理学的にも実証されているんです。

こうしたちょっとした方法を本書ではお話ししていこうと思います。

ひろゆきさん、結局声が大きい人が勝つんじゃないですか？

でも、結局、声が大きい人が勝つんじゃないですか？ たとえば、集団でいるとなぜかいつも場を仕切っている人がいるじゃないですか？ こちらが正論を言っても、なんとなくみんな、声が大きい人についていくような気がします。

そういう時は、隣の人を味方につけちゃうといいですよ。

もう1つ心理学上の話をしますと、人間心理には「ハロー効果」というバイアスがあって、**他人への評価が「見た目」や「肩書き」なんかに左右されやすい**ことが実証されています。声の大きさもその1つです。そんなわけで、集団の中ではどうしても、ごく自然に話の中心になる人が出てきますよね。そういう人が話すことが必ずしも正しくはなくても、「ハロー効果」で妙にみんなが従ってしまうということが起こり得るわけです。

ですので、あなたがその人と違う意見を持っていて、あなたの意見のほうが正しいのだとしても、やみくもに正論をぶちまけるだけでは、誰も取り合ってくれないかもしれません。

そういう時に、自分の意見を聞いてもらうためには、まずは**早めにマウントをとってしまう**ことです。

たとえば、互いに全然関係のない5人が、パック旅行の待ち合わせ場所に集まったとします。ところが、肝心の添乗員が集合時間になっても現れない。そんな時、自然にリーダーシップをとれる人が出てきて、「みんなで添乗員を探しましょう」と言い出してしまったとします。

でも、この対応は明らかに間違いで、いくら添乗員が遅れたとしても、集合場所で待ち

発言力がある人の間違った意見にのまれないために

続けるほうがいいわけです。それでも、言い出した人に従ってしまいがちなんです。

そんな時、もし自分がその人よりもよい提案ができる根拠があれば、それを早めに伝えます。「僕、50か国以上行ったことがあって、その経験からすると……」なんて言えば、「なら詳しい人に従ったほうがよさそうだよね」という空気が作れたりします。

「マウントカード」があれば、躊躇《ちゅうちょ》せず早くからきちんと出していきましょう。

そのほうがみんなのためになったりします。

隣の人の「共感を得る」という対抗手段

このように第一印象で話の中心になれない人は、最初に素直にマウントをとることで、話に説得力を出すことができます。

それができない時には、その場で友達を作ること。要は周囲の1人や2人に声をかけるのです。

先のパック旅行のケースで、最初の「添乗員を探しに行こう」という意見がまかり通り

その場で友達を作って対抗する

そうな時に、**隣にいる人に「どうしたらいいんでしょうね」と声をかけてみます。**こうすると、全体に向かって話すのではなく個別の話になるので、友達感覚になるんですよね。

で、その人に「探しに行くと、かえって大変になるんじゃないですかね？」とでも言えば、「そうですね」と共感を得られるかもしれません。そうすると、自分たち2人は別行動をとりやすくなります。ここで、さらに味方を1人増やせたら5人中3人で、こちらが多数派になります。そうしたら圧倒的に有利になります。

こんなふうに共感を得て派閥を作る対抗の仕方もあるわけです。

会社でも、発言力が強い人の強気な提案に対して、そこまで前向きになれない時は、「半年ぐらい様子を見たほうがいいんじゃないですかね」などと周囲にささやく。するとサボりたい側は味方につくし、十分対抗していけるんですよね。

強調しておきたいのは、こういう対抗の仕方をする時に、**最初に意見を述べた人を論破しようなどとは、考えていない点です。**くれぐれも「勝ち負け」になりそうな状況を作らずに対抗していくことです。

「持たない自分」だったからこそ伝えられること

「世の中は声が大きい人が強い」という言われ方をします。

「声が大きい人」は、発言力が強い人、と言い換えてもよいでしょう。

残念ながら、世の中には、生きているだけで発言力や説得力のある人が確かにいます。

イケメンとか美人には従いやすいですし、家柄がいいとかお金持ちの人もそんな立場になりやすいと思います。

でも、みんながみんな、そんな資質を持っているわけではありません。

僕は「議論がうまい人」と見られているかもしれませんが、こんなふうになれたのは、早い話、**僕がイケメンでもなんでもなかったからです。**しかも、あまり他人のことが理解できるほうではなかった。

それでも、自分がやりたいことはあったから、どうしたら人が自分の話を聞いてくれて、動いてくれるんだろうということを、誰よりも考えなければいけなかったのです。

うまく自分の考えを伝えられないと思う人、相手に押されがちだなと思う人には、そうした人なりの、やり方があるんです。

この本では、僕が今までの経験でつかんできたことを活かしながら、世の中の99%の「持たない人」のための戦略をまとめていきたいと思います。

ひろゆき

『ひろゆきさん、そこまで強く出られない自分に 負けない話し方を教えてください！』目次

第1章 多くの人は「話す前」から負けている
——タイプ別 相手に負けない方法

第2章 勝とうとしなくても、相手が思い通りに動く方法
――強く出なくても人を動かす言い方があります

第3章

嫌われずに断る方法

――本当は好かれる、上手な「わがまま」の伝え方

第4章

「聞く」ことが最大の戦略である
――相手を動かすために一番大切なこと

第5章 実践：負けない伝え方

カバーデザイン:小口翔平/後藤司(tobufune)
本文イラスト:ヤギワタル
本文デザイン・DTP:株式会社デザインキューブ
本文・カバー写真:稲垣純也
構成協力:中隠道/朝川ゆうや(中野エディット)
校正:聚珍社
編集担当:多根由希絵(サンマーク出版)

第1章

多くの人は「話す前」から負けている

――タイプ別 相手に負けない方法

裏付けの甘い意見ばかりが会議で通るんだよね。口がうまい奴ばかり重宝されるっていうか――。

私もまた意見を聞いてもらえなかった。相手には相手の意見があるからと思って、否定せずに話を聞くようにしてるだけなのに、結局私の話はなかったことにされてる。私にだって考えがあるのに。

いや、意見を言えてるだけいいですよ。私なんて話し合いに入っていくことすらできなくて……。入っていっても軽んじられるからいいんですけど……。

僕は不用意に発言しちゃうから、周りが静まり返っちゃう。あまり気にしてないけど……。

（いや、それは気にしたほうが……）

自分たちだっていろいろ考えているのに、何でこんなことになるの？

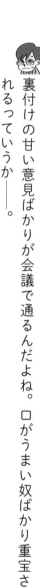

ひろゆきさん、
うまく意見を言えない自分に、
よい方法を教えてください！

タイプ別の
対策がありますよ

まあ、誰でもそういうことってありますよね。その人の性格や仕事の進め方のポリシーとも関係しますが、自分の意見を聞いてもらえない人って、結構いたりします。

でも、やり方次第で、もっとうまく進めていけるんじゃないかなって思うんです。

ここでは4つのタイプに分けてアドバイスしていきたいと思います。

❶【相手優先タイプ】 まずは相手を優先して、自分が後回しになりがち。いろいろと押しつけられても「ノー」と言えずに苦労する。

❷【慎重・考えすぎタイプ】 慎重でしっかり調べてからでないと動けない。自分の発言内容を吟味しすぎて、相手の話を聞いているうちに自分の発言機会を失うことも。

❸【自己肯定感低めタイプ】 自信がなくて主張することが苦手。依頼したり営業したり、相手に働きかけることも苦手。

❹【素直すぎ・考えなさすぎタイプ】 余計なことまで話しがちで、あげ足をとられやすい。大事なことは任されず、軽く見られる。ついつい「イエス」と言って後悔することも。

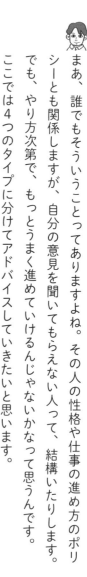

① 相手優先タイプ

人にやさしくありたく、自分よりも相手のためになることを重視。「ノー」と言えず、気がつくといろいろと押しつけられたり不利な状況に追い込まれて、最終的に裏切られた気になる。我慢し続けて、時に爆発することも……。

このタイプは、人にやさしくありたい、相手のためになることを重視したい、と自己分析しているんですけど、他人から見たら、たんに気が弱くて相手の要望に流されるタイプにしか見えません。まずは自己分析を見直すべきです。

裏切られたと思うのも、要は「今回は自分が譲ったから、次回は相手が譲ってくれるだろう」と期待しているから。「ギブ・アンド・テイク」があると思い込んでいるのでしょうが、他人から見たら、たんに**「この人は主張が弱く、周囲に流されているだけの人だ」ぐらいの認識しかない。**なので、相手は裏切ったとは考えないんですよね。

ええっ、そうなんですか？　私、頑張り損？？

贈り物なんかもそうですが、**相手のことを思ってする行為は、自分がやりたいからやってるんだと思うべきで、見返りを求めるのは自分本位な考え方だと僕は思います。**

それでも、「ギブしたら、相手からも当然返ってくるはずだ」と考える人は多いですよね。

でもこれって、みんながみんな、ギブ・アンド・テイクが大事だと思っているわけではありません。要は、ギブ・アンド・テイクがごく自然と成り立つのは、対等な関係の時です。対等じゃない場合は、ひたすらギブだけさせられて捨てられて終わり、なんて可能性もありますから。

なので、常に自分のことしか考えていないような相手の場合、「この人を裏切ったら、損する」というふうに、相手に思わせる工夫をしたほうがよいでしょう。そうしないと、たんにつけ込まれるだけです。

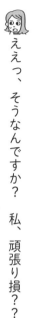

タイプ❶の人に必要なのは、自分の思いとはべつに、自分が「やさしい」ではなく、「気が弱い」と思われていることをちゃんと認識することです。そのうえで、それなりの戦い方をしなきゃいけません。それなのに、「自分は相手と対等である」「貸し借りは当然である」と考えるから、裏切られるんです。

このタイプの人は、次のようなことを心がけるとよいと思います。

- **「貸し借りにならない人」には貸さない**
- **第三者を常に入れる**
- **自分の我慢の許容量を知っておこう**

「貸し借りにならない人」には貸さない

まず、どうしてもギブ・アンド・テイクが成立しない関係ならば、関係を作らないことも考えておくべきです。

ギブしても返ってこないので、裏切られる前に最初から人間関係を作らない、要は「仲良くしても得がない人」という認識を最初からしておくことも大切です。

また、**一緒にいると理不尽な思いをさせられることがある人も、同様です。**

たとえば、「勉強したくない」と言っている友達がいるとします。自分は本心では「将来のために勉強したほうがいい」と思っているけれど、いざその友達から「勉強なんかいいから遊びに行こう」と誘われると、言い返せなくて、結局、付き合って遊びに行ってしまう。その後、その友達が先生から「何で勉強しないいんだ！」とどがめられた時に、

「だって○○ちゃんが遊びに行きたいって言ったから行ったんだよ」と不本意な告げ口をされたとしたら、「自分は誘いに付き合ってあげただけなのに、裏切られた」と思ってしまいますよね。

こういう人には、ギブ・アンド・テイクは通用しないわけです。だったら、最初から一緒に遊びに行かない、友達にならないっていうのが正解なんじゃないかなと思います。

なお、ここでもう1つ確認しておきたいのは、「勉強したほうが将来のためになると思っていたのに、友達の言うがままに遊びに付き合う」というのは、**やさしい人なんじゃなくて、気が弱い人**だということです。

タイプ❶の人にありがちな「相手の話ばかり聞いて振り回されやすい」という状況も、同じことだと思います。

第三者を常に入れる

「この人を裏切ったら損する」と思わせるために、自分自身が強くなる必要はありません。「裏切られたら偉い人に告げ口するぞ」という雰囲気を匂わせるとか、相手と1対1で交渉しない方法も考えられます。

会社でも友達付き合いでも、1対1だと「言った言わない論争」になりがちです。でも「じゃあ、わかったよ、これ貸しね」というやりとりを、**ほかの誰かが聞いていたら、相手も「守らなければならない」と意識するようになります。**第三者が聞いている状況で約束を守らなかったら、「こいつは約束を守らない奴なんだな」という悪評が広まりますからね。会社の場合は、偉い人に同席してもらえれば、抑止力になるかもしれません。

約束や交渉の場に第三者を介在させるのは、結構重要ではないかなと思います。

なお、メールやグループチャットの場合は、たとえば上司（上司が理不尽なら、その上の上司）をCCの宛先に加えて送ったり、それが難しければ、同じ仕事にかかわっているほかのメンバーに共有する。

友達同士の場合は、「じゃあ○月○日にっていうことで決定だから、よろしくね」みたいな感じで、ほかの友人にもやりとりを流しておく。言質《げんち》を取ったという形ではなく、**情報共有みたいな感じで流しておけば、そこまでカドが立つこともありません。**

また、こういう相手に対しては、基本的に電話では交渉しないこと。特に「言った言わない」の争いになった際に、どちらが正しいのか第三者から見てもわからなくなります。

そのためにも、テキストで残すほうがよいと思います。

ここがダメ

課長：悪いんだけど、来週月曜日までにこの資料の作成をお願いできないかな。

A：え？（私も今週中までの仕事がかなりあって、忙しいんだけど……。でも課長も大変なのかな）

課長：ほかに頼める人がいないんだよ。

A：（自分しか頼れる人がいないのか。じゃあ、ここは頑張ろう）……わかりました。今日木曜日ですが、残業すればなんとかなるかもしれません。

（残業してなんとか出す。1か月後）

課長：Aさん、今月残業多いんだけど、どうしたの？　もっと効率的にやってくれる？　それにこの間の資料も、もうちょっと完成度を高めないと……。

A：えー!?（課長から頼まれた仕事を無理にやった結果なんだけど……）

この時点で自分の許容量を見積もっておこう。

簡単に受けていいのか？　残業が増えることでのマイナスはない？

こう変わった！

課長：悪いんだけど、来週月曜日までにこの資料の作成をお願いできないかな。

A：え？（私も今週中までの仕事がかなりあって、忙しいんだけど……。**いや、こういうのがよくないんだから、きちんと言おう**）

課長：ほかに頼める人がいないんだよ。

A：わかりました。今日木曜日ですが、残業すればなんとかなるかもしれません。ただ、**部長からは、残業を減らしてほしいと言われていましたから、そこのフォローはお願いしますね。**

課長：そこは部長に言っておくから。

A：でしたら部長をCCに入れる形で、メールで依頼事項をあらためて私に送ってくださいませんか？　もしくは依頼された内容の確認もしたいので、**私から部長をCCに入れて課長宛てにメールをしますので、それに返信してください。**

自分が「断れない人」だと思われている可能性に気づこう。

残業をすることで問題になる可能性を先に指摘しておく。

第三者がわかるようメールで残す。また、部長に情報を共有することで裏切ってはいけない相手だと思わせる。

引き受けて損する

悪いんだけど、この仕事もお願い
仕事たくさんあるのに…
ほかの人に頼めなくて
ゴメン！
わかりました…
仕方ないな
1か月後…
残業多いんだけど
ーえー

上手に引き受ける

この仕事、ほかの人に頼めなくて
ヨロシク
残業増えそうですけど
これ以上ムリ
部長にも伝えておくよ
私から部長をCCに入れてメールしておきますね
シーン…
頼みづらいな…
うーん
ニコッ

自分の我慢の許容量を知っておこう

　このタイプの人は、相手の言われるままにいろいろと押しつけられる可能性があります。もっと主張すべきだと思うんですけど、「自分は平和主義者で、波風を立てるのが嫌いなんです」と考える人もいますよね。

　だったら、それはそれでいいと思います。

　ただし、自分の我慢の許容量をちゃんと理解しておいたほうがよいでしょう。それができずに急に爆発しては、平和主義でもなんでもなくなりますからね。

　たとえば、「1日1時間ずつ自分が残業すれば、このプロジェクトはうまくいくよね」と思って引き受け、それでなんとか回っているうちはいいです。でも、「1日2時間」と言われて、それが我慢の許容量を超えるなら、**「それは無理です」と提案された段階で断**

るべきなんです。

断らないで引きずってしまって、最後に溜め込んで爆発してしまうというケースもよく見かけますが、「だったら最初から引き受けるなよ」という話です。

なお、どれぐらいだったら引き受けるかというのは、自分の許容量次第です。

「2週間なら毎日3時間残業でも全然いけます」という見積もりがあるなら受ければいいし、「2週間は大丈夫だけど3週間となるとわからない」ということなら、「2週間だけならなんとかやります。残りの1週間はほかの人に頼んでください」などと、部分的に断るのがいいと思います。

❷慎重・考えすぎタイプ

自分が言っていることが正しいかどうか慎重になり、話すタイミングを逸《いっ》してしまう。「口がうまい人」にひそかに不満を持っている。

会議で反対意見を持っているけれど、その根拠がこれでよいのかなどと悩んでいるうちに話が進んで、結局何も言えないまま決定してしまう――ということが起きやすいのが、このタイプです。

こういうのは、生き方の問題になるんです。もちろん、発言することを我慢したほうが得だと思うのなら我慢し続けたほうがいいでしょうし、慎重に生きることをモットーにしているのであれば、それはそれで否定はしません。

でも、後になって発言できなかったことをウジウジ悩むぐらいだったら、慎重に構えてばかりいては、ダメです。

言わずに後悔したり、後から議論を蒸し返したりするくらいなら、その場で口を挟んだほうがいいと思います。

特に、すでに決まってしまった後で結論を覆そうとすると、反発も大きくなるため相当なエネルギーが必要になります。そもそもそんなことをして文句を言われないのは、それなりのポジションの人だけだと思います。

このタイプの人には、**「伏線を張る」**というやり方を紹介しておきます。

根拠があいまいでもその場で「伏線」だけ張る

会話の中で引っかかりを感じたとしても、その段階ではまだ自分が納得できる意見を口にできない場合には、無理にそこで最終意見を出す必要はありません。その時点では、**「なんか引っかかるんだけど、言い方が難しいので、ちょっと考えさせてください」**などと、とりあえず振りを入れておくだけでいいんです。要は、伏線を張っておくのですね。

その後、ほかの話が進行している最中にスマホでググったり、ChatGPTに聞いたりして考えがまとまったら、**「すみません、先ほどの話をしていいですか」**などと切り出して、考えを述べればいいのです。

この「伏線を張る」というやり方には、たんに時間稼ぎの効果があるだけではありません。心理学に「ツァイガルニク効果」と呼ばれるものがあるのですが、人には続きを知りたくて仕方がなくなる心理があり、中断されたものへの記憶は鮮明になりやすいということが実証されています。テレビ番組でよく「続きはCMの後で」と出てくるのも「ツァイガルニク効果」の一種です。番組の気になるところでCMに入ると視聴者は続きが気になり、チャンネルを変えにくくなるわけです。

会議中も「少し考えてみます。後で発言させてください」と前もって伏線を張っておくことで、「何の話なんだろう?」とみんなの興味をひき、いざ話し出す時に聞いてもらいやすい雰囲気が作れます。そして、「調べてみたんですけど、こういうデータがあるんですよ」と発言すると、「え? どれどれ」と聞いてもらえるのです。

また、このやり方であれば、新たに調べたデータを用いて議題の方向をひっくり返すということをやっても、「この人の話は、ちゃんと聞いたほうがいい」という評価になったりするんです。結果、その後、発言力が増したりします。

ここがダメ

A：この件については、こういった調査結果があるので、こんな感じでこう進めていきたいと思いまして……。

B：（あれ、そのデータは随分前のデータだから、ちょっと違和感があるな。最新のデータはどこで見たんだっけ？）

部長：いいじゃないか。スケジュールについては、どう考えているのかな？

A：制作部にも話しておりまして、もし部長にこのプロジェクトの了承をいただけるのであれば、１か月後には進められるだろう、とのことでした。

B：（ん？　最近の災害で資材の調達が難しいって聞いてるけど、大丈夫かな。そんなにタイトなスケジュールを組んで大きなトラブルにつながるんじゃ……。いや、考えすぎか？）

部長：じゃあ、連携して進めてくれ。（会議室から出ていく）

ここでさっさと発言しよう。

これも気づいた時に話そう。

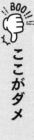

A：ありがとうございました。

B：ちょっと待ってよ、気になる点がいくつかあるんだけど……。

A：もう部長がいいって言ったんだからいいでしょ。これで進めるから！

こう変わった！

A：この件については、こういった調査結果があるので、こんな感じでこう進めていきたいと思いまして……。

B：（あれ、そのデータは随分前のデータだから、ちょっと違和感があるな。最新のデータどこだっけ？）

部長：いいじゃないか。

B：**あの、新しいデータだと状況が変わっている気がするので、ちょっと確認させていただいてもいいですか？**

部長：もちろん。議論は進めていてもいいかな。

ここまできて覆すのは難しい。

気づいたら発言の準備！

とにかく違和感があることを伝える。

この間検索して調べる。

スケジュールについては、どう考えているのかな？

A：制作部にも話しておりまして、もし部長にこのプロジェクトの了承をいただけるのであれば、1か月後には進められるだろう、とのことでした。

部長：そうか、ではすぐ進められそうだね。

B：**すみません。先ほどのデータの件です。**Aさんの出してきたデータは2010年のものでしたが、最新のデータを見ると、ユーザーの購買行動が変わっておりまして、よりオンラインでの購買が増えていると思われます。すると、Aさんのプランについては見直しが必要かもしれません。

部長：確かにそうだな。

B：また、**最近の災害で資材の調達が難しいと、調達部の山田課長から聞きました。**大事なプロジェクトになると思いますので、やみくもに急ぐのではなく、調達部とも連携をとり、慎重を期したスケジュールを一度出してもらったほうがよいのではないでしょうか？

わかったらタイミングを見て発言しよう。

気になることは確認。誰の話なのかも明確にする。

A：それについては調達部とも話し合ったうえでのスケジュールだから大丈夫です。

B：**であれば私としては問題ございません。**

部長：まあ、間違いの起こらない体制はとってもらいたいね。基本的には了承をするつもりだけど、一度2人で話し合って、再度計画書を見せてもらえるかな。

問題がなければそれでかまわない。懸念点は伝えておくことが大事。

意見が言えない

BOO
これがこう
でして……
いいん
じゃない？
ウーン……
あのデータ
間違ってないかな…
でも自分の勘違い
かもしれないし
よし、
それで
いこう！
ハイ!!
えー、
会議
終わっちゃった

伏線を張って伝える

これがこうでして…
あのデータ間違ってないかな？
あの、ちょっと気になったのでデータ調べてよいでしょうか？
もちろん
それで…
カタカタ
調べたのですが、
最新のデータはこうで……
ゲッ
さすが

③自己肯定感低めタイプ

メンタルが弱くて断られるとかなり落ち込むので、お願いしたり、自分から発言したりするのが苦手。「主張したいことはあるが、声が小さくて会議でも話を切り出せない」と嘆くタイプ。

まず「声が小さい」と「気が弱い」をごっちゃにしていますね。こういう人は多い気がするんです。声が小さいだけだったら、手を挙げて待つことを心がければいい。何も言わないで手を挙げている人がいたら、「何か意見がありますか？」と、誰かが振ってきます。このタイプはそういうこともしないでしょうから、たんに「気が弱い」のだと自覚するところから出発してください。

このタイプは、**まずお願いしたり、断られたりすることに慣れること。**さらに、**発言が苦手でも、会議でポジションをとる方法はある**ので、それをお伝えしておきます。

お願いする時は「やってほしい気持ち」を前面に出す

会話がうまくいかないと思っている人の中には、自分の話を、自分が思うように他人に受け取ってもらえず、それで失敗しているケースが多い気がします。

このタイプにありがちなのが、頼む時に後ろ向きで卑屈な言い方になってしまうこと。相手に恐縮するあまりに、たとえば「お願いをしたいんだけど、でも忙しいでしょうから、忙しいならいいです」という具合に言ってしまい、案の定、断られてしまう……。

この言い方だと、相手は**「どうしても自分がやらなければいけないことではない」と受け取るはずです。**というのも、「忙しいならいいです」というのは、「断られても別のプランがある」ようにもとれるじゃないですか。相手からすれば、「ほかの人でもできるので、やらなくてもいいんですけど、これやれます？」みたいに聞こえるので、「ほかの人ができるなら、ほかの人に頼んでよ。忙しいんだから」となってしまいますよね。

さらにこの伝え方は、相手を見下しているようにもとられる可能性があるんです。

「忙しいならいいです」と言われた相手からすると、依頼はされたけど、「この人にやってもらわなくてもいい」というのは、「自分の能力はそんなに高くないと思われているんじゃないか」「自分を見下しているから、そんな言い方になるんじゃないか」と感じることもあるんです。そんなふうにとられたら、損ですよね。

なので、**「あなたにしかできない」とか、「それが得意だからお願いしたい」**という気持ちの強さを、言葉でちゃんと表現したほうがいいでしょう。

「その仕事は、あなたしかできないから、本当にお願いします」とお願いすれば、相手に「自分をちゃんと評価してくれている」「重宝してくれているんだ」と伝わりますから、わりと自尊心が高い人なら、「しょうがねえな」と言いつつ、引き受けてくれると思います。

ここがダメ

C：すみません、あの、ちょっとこの件教えてほしいんですけれど、もちろん、お忙しかったら構わないのですが。

相手：（構わないならいいか）うん、今ちょっと忙しくて。

こう変わった！

C：すみません、あの、ちょっとこの件教えてほしいんですけれど。**山田さんにしかご相談できなくて……。**

相手：（自分にしかできないなら少しでも時間を空けようかな）わかった。今の仕事が終わったら声をかけるから、ちょっと待っててくれる？

自分でなくてもいいと相手には思われる。

あなたにしかできないから頼みたい、と強調する。

断られることを日課にする

頼んで断られるという経験は、あればあるほどいいと思います。

でも「一度断られると、すごく落ち込むんです」という人もいますよね。そうならないための最善策は、**慣れ**です。「とりあえず３００回断られてみよう」という目標を立てたらいいんじゃないでしょうか。

それが無理なら、まずは、「断られる」ということへのとらえ方を変えてみましょう。

断られるのが苦手な人は、「断られる」ことを、「相手から拒絶されている」こととととらえて、「自分は嫌われている」と思ってしまう心理状態にあると思うんです。要は、断られた時に「たんに忙しくて時間がなかったから断られたんだ」という想像ができないんですね。でも**実際に物事を断る時って、そういうレベルの話であることが多い**んです。

そして、こんな思い違いは、断られる経験が乏しいために起こっていると考えられます。だから「断られ慣れる」ことで解決するんじゃないかなと思うんです。

これはナンパの話にたとえるとわかりやすいかもしれませんね。ナンパの得意な人は、イケメンや話がうまい人じゃなくて、ナンパをたくさんやってきた人なんです。

この人たちは、ナンパしてめちゃくちゃたくさん断られている。でも、回数をこなしているから、結果として数多く成功している。「打率が1割なら、10人に話しかければ1人ゲットできる」という考え方なんです。打率4割のモテそうな人でも、2人ぐらいにしか声をかけなければ失敗で終わる確率は高いですが、打率1割でも10回トライしたら、そのほうが成功することが多いわけです。

バイデン大統領に断られても落ち込まない理由

繰り返しますが、断られるのは当然のことなので、「傷つくから頼むのがイヤだ」なんて「後ろ向きに考える自分」をやめて、「断られてもダメージを感じない自分」に変えたほうがいいんじゃないかと思います。

たとえば、上司から、バイデン大統領に自社の広告に出てもらえるよう依頼してこいと言われても、100%断られるじゃないですか。一応メールを送ったとしても、おそらくシカトされるか、事務所の人から「無理です」と返事が返ってくると思うんです。

でも、この時はたぶん、傷つかないと思うんですよ。それは、断られるのが当たり前だと最初から思っているからです。**逆に、「断られないんじゃないか」なんて変な期待を持つほうが、ダメージを受けやすくなります。**

なので、断られることを日課としたり、会社の仕事であれば「断られました」と上司に報告するための作業をやってます、くらいの考え方のほうがいいんじゃないかなと思いますね。

初めて会う時のハードルを上げない

営業も苦手です。初めて会う人に物を売ったり、何かしてもらうのって、ハードルが高いです。

それって、初めて会う時の目的がズレていると思いますね。初めて会った人に物を売ってやろうというのは、難易度が高いですよ。まずは次回のアポを取ることを目的にすればいいと思うんですよね。

物を買うにしても、初めて会った人より2回目に会った人からのほうが買う確率が高いじゃないですか。「次回のアポを取る＝買う確率が高くなった」だから、成功に近づいているともいえます。とりあえず雑談して次回のアポが取れたら、「よし！　今日は成功」というので十分だと思います。

発言しなくても会議のキーマンになる方法

次に、会議で話を切り出すのが苦手な人が会議のキーマンになる方法です。
会議といっても場の人数で違ってくるかもしれないので、①5人くらいと、②6人以上で分けてお話しします。

①5人くらいの会議

5人くらいの会議だと、全然話していない人にちょっと意見を聞いてみようかという空気になる場合も多いので、黙っていても発言の場は作ってもらえそうに思います。

でも、もう少し積極的に参加したいのであれば、**自分がよいと思う意見の人が話す時**

は、すごくうなずいてその人の目を見るようにし、そうじゃない時はリアクションを薄くする、というのをやっていくのが手です。

「この人、自分の意見の時にうなずいてたよね」と気づいてもらえると、その人から「どう思います？　あんまり話してないようですけど」などと振ってもらえます。要は「この人はたぶん自分側の意見を出すだろう」と思って、ボールを投げてくれるわけです。

もしくは、「○○さんは、あの人が発言している時に反応が薄かったよね。自分もあの人の意見には反対だから、○○さんに振って、反対意見を言ってもらおう」と、ボールを投げてくれるかもしれません。

このように少人数の会議では、自分と同じ側の意見の人に「同調しています」というサインを送り続けることが効果的です。話し合いが2対2とかで拮抗しているのであれば、最後まで意見表明しなかったその人がキーマンになりますよね。

ちなみに、そうやって話を振られた時に、関係を崩さない程度に意表をつく発言をするテクニックもあります。ある程度、話を振ってきた人に同調しつつ、みんなの知らない視点やデータを披露すれば、その場の空気がつかめたりします。

うなずいて発言の場をもらう

似た意見の人に大きくうなずくと……

発言の場を作ってもらえる

②6人以上の会議

5人くらいまでなら同調するだけでなんとかなりますが、それ以上の会議、たとえば40人程度が集まる会合だと、沈黙戦略はほぼ無意味でしょう。

大勢の前で話すのが苦手なら、会議の前後でポジションをとる方法もあります。

みんなに注目されるような視点やデータがあるのでしたら、必ずしも会議の発言で披露しなくてもかまいません。たとえば会議前か終了後にメールだったりSlackだったりで、補足情報をみんなに共有するという方法もあります。そこで**「会議の場では発言していなかったけれど、有用な情報を出してきた人だ」と認識されると、ほかの会議でも「○○さんも言いたいことない？」とか「情報ある？」と、聞かれるようになります。**

会議で発言しないのに、自然と会議のキーマンになっていくんですね。

だから、話に割って入るというスキルは、べつになくてもいいと思うんです（あったほうがラクではありますが）。「気が弱くて話に入れない」のであれば、あらかじめ役立ちそうな資料を送っておくだけでも、周囲の見方は全然違ってくるはずです。

20分程度の事前準備でポイントを稼げる

仕事でもプライベートでもそうですが、だいたい会議や話し合いが始まる前には、もう答えは出てしまっていることも多いです。

たとえば、「旅行の行き先を相談したい」とキラキラした目で子どもに言われた時、子どもにはすでに行きたい候補があるんです。不穏な空気でパートナーから「大事な話をしたい」と言われたら、相手はもうあなたと別れることを決めています。

仕事の会議でも、議題は前もって周知されることが多いです。そしたら、「どういう話になるだろう」とか「こういう資料が必要だろうな」といった想定はできる。なので**「たぶん上司はこういうことを言うだろうから、そのためにこういう資料を持っていこう」というシミュレーションをしておく**とか、やるべきことが見えてくると思うんですよね。

たとえば会社の海外進出について、ヨーロッパにするべきかアメリカにするべきかというのを、その場で説得していくのは難しいと思うんです。

でも自分で前もって調べておけば、「ヨーロッパのほうが潜在顧客が多い」とか「あの国には日本企業の製品の展示会をやっている企業がある」といった判断の材料は準備できます。

そういう資料を持っていくだけでもいいし、さらにもう一歩進んで、「この資料によると、ヨーロッパのほうがうまくいく可能性が大きいです」と主張することもできます。

怠惰な人が多い日本の会社だからこそ

このように、議題が出てきた時点で必要な情報はだいたい調べられると思うんですよ。

でも、驚くべきことですが、日本の大多数の会社は怠惰で無能な人が多いので、そんな当たり前の調査をしている人もあまりいないんです。**20分くらい検索すれば、ある程度いろんな情報が手に入る**んですけど、それもしない人が多いので、それをやるだけで

「情報を多く持っている人」と思ってもらえるチャンスが増えます。

こうしたからといって、必ずしもマウントをとれるかはわかりませんが、やっただけの効果はあるはずです。上司が「アメリカがいいよ」と言った時に、「確かにアメリカだとこんな事例がありますよね」とフォローをしてポイントを稼ぐことも可能です。

軽んじられても気にしない

なお、目立たない人は、同じ主張をしているのに自分の案は適当にあしらわれたり、もっとキャラの立つ別の人が同じことを言ったら褒められたり採用されたりと、理不尽な思いをすることもあるのではないかと思います。

でも、ここでネガティブな気持ちになってはいけません。こういうことって、よくあることだと思います。それに、**同席している人たちの中では「同じことを言っていたよね、あの人も」という記憶は残ります。**そんなことを繰り返すことで、「あの人は、ちゃんとしたことを言っている」という実績とイメージが積み上がっていくのです。

「自分は軽んじられているのかな」と思うと、落ち込んだりしがちですけど、気にする必要は実のところ、ないです。確かに軽んじられているのは事実かもしれません。けれども、自分の発言と同じ方向に物事は進んでいますし、周りの人もそれを覚えていてくれているので「ポイントが上がった」と考えれば、いいんじゃないでしょうか。

そもそも、人は普通、軽んじられるものです。いきなりどんな発言でも重宝されるということはないじゃないですか。なので、そこから、どうやってポイントを重ねて信頼してもらい、説得力を持たせるかが重要だと思うんです。

落ち込むのではなくて、**そこから勝負しようと考えるのがいいと思います。**

❹ 素直すぎ・考えなさすぎタイプ

つい余計なことを言ってしまう。それであげ足をとられて嫌な思いをしたり、何でも素直に受け取るのでいい加減な情報をうのみにしてしまいがち。

ここまでに説明したタイプとは違って、いらないことを言ってつけ込まれてしまうようなパターンも見かけます。いらないことをしゃべりすぎるのは、焦っていたり、自分をよく見せたかったり、あとは沈黙が怖くて、ついつい話してしまうこともあります。

こういう人は、**多くの失敗をして学ぶべき**ですね。売り言葉に買い言葉とか、短気だったり単純な人は、わりと失敗をします。早めに多くの失敗をすることで、歳を重ねるにつれて失敗をしなくなるようにしたいものです。

いくつか心がけておいたほうがよいことをまとめます。

自己アピールのしすぎはかえってマイナスに

自己アピールも、話しすぎると往々にしてマイナスになることが多いです。

自己アピールすること自体は悪くないのですが、話してみて思ったほどの手応えが感じられないと、ついつい、あれもこれも話したくなってきます。でも、それは心の余裕のなさがそうさせているだけです。「自分はこれだけできます」とまくし立てられると、逆に相手からは「こいつ、あんまりできなそうだな」と思われたりもします。

そんな時には、**あえて黙ってみる**のも手です。「本当はこれを言ったほうがうまくいくだろうな」と思っても、とりあえず黙ってみる。話し足りないくらいのほうが、その人のゆとりが感じられ、好印象を持たれることはよくあります。1回のみ込んだものを、ある程度の間をあけてから言ったりすると、「この人、結構考えているんだ」というふうに思われたりもします。そういう成功パターンを増やしていくのがいいと思います。

沈黙に慣れる

このタイプに限らず、誰かといる時に沈黙の瞬間が訪れることが苦手な人は多いですね。それで、その場をなんとかしたくて、いらぬことを口走ったりする……。

こういう人はまず沈黙に慣れてみてください。**沈黙というのは、誰が一番最初に耐えられなくなるかの競争**でもあると思うんです。友達同士の場合は黙っていてもそんなに不快になりませんが、知らない人ばかりだと、何か言わないと気まずい気持ちになりますし、人間関係にマイナスの影響があるようにも感じてしまいます。

でも、何回か経験すれば、沈黙の時間が流れたとしても、特に不具合はないことに気づきます。なので、沈黙が怖い人は、無理に話そうとするだけでなく、沈黙慣れをすることも大切な気がします。

会話は聞いている側が有利

ちなみに、会話では沈黙している側が有利だということは、よくあります。

つまり、沈黙に耐えきれずに話し出すほうが負けになってしまうことがあるんですね。格闘技で、選手同士が顔を合わせる時などは、一方的にまくし立てる側よりも、黙って冷ややかに眺めるだけの側のほうが強く見える、なんてこともあります。

そもそも会話って、聞いているほうが情報量が増えるし得なポジションなんです。なので、あえて沈黙する側に立ってみることも、自分を優位な立場に置くうえでは必要です。

もちろん、たんに話下手の人が集まっていて気まずい空気が流れるだけで終わってしまうこともあります。そういう時は、沈黙した時に話せる話題をストックしておくとよいでしょう。「そういえばネットフリックスのあのドラマ、観ました？」みたいに、最近の流行をチェックしておくのは、こういう時に役立ちます。

情報ソースのいい加減な情報に近づかない

人前でいい加減なネタを話して思わぬ墓穴を掘る、なんてことにはなりたくないもの。特に仕事の場では、注意して避ける必要があります。

これはこのタイプに限った話ではないですが、行動方針として**「嘘や憶測記事が多いメディアをなるべく見ないようにする」**というのを心がけてみてはどうでしょう。

実験でも実証されているのですが、「スリーパー効果」という認知バイアスがあって、人って時間が経つにつれて、内容のインパクトだけが残り、ソースの信頼性については忘れちゃうみたいなんですよね。だから信頼性の低いニュースソースからの情報であっても、次第にその内容を正しいと思ってしまうことがあるのです。それなのに、あやしげな情報を確度の高い情報として話をしてしまうと、自分の信頼感も揺らぎかねません。

その点、ちゃんとしたメディアだけを見ていると、嘘の情報をつかむ確率が低くなります。

僕自身は、嘘をつく人をなるべく身近には置きません。嘘をつくスタッフがいると、その人が言ったことが嘘か本当かわからないまま話が進んで、あとで覆されるということが多々あります。情報が少ない分にはなんとかフォローできますが、大事なところで間違った情報や嘘が入ってしまうと、それ以外の情報についても、すべて調べ直さなくてはならないことも出てくるわけです。嘘をつくタイプの人、間違った情報を吹聴《ふいちょう》する人は、基本的にプロジェクトメンバーに入れないのが僕の方針ですね。

「信じた自分の判断力」を見直す

あまり人の話を疑わない人は、友人からのいい加減な情報もうのみにしてしまいがちだったりしますよね。そしてその話を他人に披露したところ、間違いを指摘されたり、あるいは自分で後から疑問に思ったりしたことのある人もいるのではないでしょうか。

相手の言うことを素直に聞いてしまうこと自体は、問題ないと思うんです（僕も、わりとそういうタイプです）。誤った情報を真に受けてしまった時は**「なんでそれを信じてしまったのか」と、振り返って自分の判断力の確認をすることができます。**

すべての人が必ず100％正しい内容を話しているわけではありません。その人はよかれと思って話してくれたけど、相手の思い込みで間違っている場合もよくあります。本当にあやしいと思ったら、ほかの人に聞くとか検索して調べてみて間違いを避けることはできたけれど、それをしなかったわけで、自分の問題として受けとめてしまいます。

それでもって、相手に悪意があったのなら、もうその人に近づかなければいいわけですし、悪意がなかったのなら、「たまに間違える人」として付き合っていけばいいわけです。後悔するよりも今後に活かすほうが断然建設的だと思います。

〈人間関係にモヤっとしないために①〉

誰にでも「敬語」を使う

この章のしめくくりとして、人間関係にモヤっとしないための伝え方について、どんな人にも最低限覚えておいてほしいことをまとめておきます。

僕は誰にでも敬語を使っています。

同じ会社に長年いると、部下だった人が自分の上司になったり、同僚が上司になったりするのはよくある話です。特にIT業界では、年下に対してタメ口を利いたりしていると、その人がめちゃめちゃデカい会社の部長にヘッドハンティングされるなんてことが、わりとあるんですよね。そうなると、それ以降、タメ口のまま話すべきなのか、あらためて敬語を使うべきなのかで迷うことになります。

でも、上司になった人や偉くなった人にタメ口を使うのもなんだし、かといって途中で敬語を使い始めたら、きっと相手もやりづらくなります。その気まずさから、なんとなく相手を避けるような関係になってしまいがちです。

最初から誰にでも敬語を話すようにすると、余計なことに悩まなくてすみますし、その人が上司になった時には得をします。それで僕は基本、年下でも敬語を使うというのを実践しています。

そもそもタメ口を利いて得した人を見たことがありません。「年下や女性にはタメ口を利くほうが親近感が湧く」と思い込んでいる男性もいますが、そういう人も、べつに部下や女性と仲良くやっていたようには思えませんでした。ただたんにタメ口を利いているだけ、という残念なケースが多い気がします。

〈人間関係にモヤっとしないために②〉

ツッコまれない言葉を使う

無駄にツッコまれない方法の1つは、**「絶対」という言葉を使わない**ことです。「絶対」と言うと、だいたいツッコまれます。

おそらくかなりの確率でそうなることがわかっているから「絶対」という言葉を使っているのでしょうが、万が一そうならなかったら立つ瀬がありませんし、「絶対」と言いきってしまうと、かえって信憑性のあやしさが浮かび上がったりもします。

なので、「絶対」と言いたいところでは、**「たぶん」**とか**「だいたい」**といった言葉に代えて話したほうがいいと思います。

要は断定の表現は避けることです。

「こうなる」⬇「そういう傾向がある」

同じように語尾も「こうなる」とか「そうなるわけがない」といった断定口調にはせずに、**「そういう傾向があります」**とか**「可能性があります」**とか**「と思われます」**とか、官僚みたいな言葉遣いをするほうがツッコまれないでしょう。

「うまくいかない」⬇「リスクがある」

「うまくいかない」は「リスクがある」と言い換えるのがいいです。「うまくいかない」と言っていたことが奇跡的にうまくいく場合もあるでしょう。そうなると、「こいつはリスクをとらないからダメなんだ」と判断されてしまうかもしれません。

でも「リスクがある」なら、「一応こいつはリスクはあるって言ってたけど、まあそうならなくてよかったよね」と、万人に受け入れられるわけです。

〈人間関係にモヤっとしないために③〉

「それってあなたの感想ですよね？」と言われないために

ある主張がされた時に、主語は誰なのかをはっきりさせないましゃべる人は多いようです。これ、2022年の小学生流行語ランキング（進研ゼミ小学講座）に選ばれた僕の言葉「それってあなたの感想ですよね？」問題です。

「ある犯罪は、増えてきている！」と声高に言う人がいたとしても、実際はそうでないことも多い。調べてみると、たんに、その人がそう感じていただけ、ということもあったりします。だとしたら、「その情報をどこまで信頼していいのか」が変わってきますよね。

それを言っている主語が誰なのかを気にするだけで、考慮に値する話なのか、もしくは、たんなる一個人の経験や感想を話しているだけなのかが明確になります。裏を返せば、「それってあなたの感想ですよね？」とツッコまれないためには、主語に気を配ることが大切です。

根拠をつける癖をつける

エピソードトークでは必要ないかもしれませんが、メールにしろ話す時にしろ、個人的な感想と受け取られないためには、なるべく根拠をつける癖をつけたほうがいいと思います。

そのためにはデータを活用することです。

僕も、気になったものは調べるようにしています、というか、それが癖になっています。かといって、いちいちメモしているわけではなく、よく記憶間違えもありますし、「こういうデータがあったよな」と思って探しても見つからない、なんてこともあるんです。でも、だいたいこういう傾向があるな、ということだけは押さえているつもりです。

自分の発言の根拠となるデータを探すなんて、初めのうちは面倒に思うかもしれませんが、何度かやっているうちに、信頼できるデータにたどりつきやすい検索の仕方を覚えていきます。

たとえば調べたいキーワードに**「1人あたり」**といった言葉を加えて検索すると、きちゃんとした裏付けのあるデータに行き当たりやすい。「1人あたり」という単語が入るのは、だいたい論文、統計に基づいた記事なんです。さらに**「平均」「中央値」「%」「推移」**といった言葉も組み合わせて検索していきます。何度かやっていると、「こういう言葉を入れると信頼できるデータが見つかりやすい」といった経験則が手に入ります。

そうして調べたデータや統計は、打ち合わせや会議で、話に説得力を持たせるのに役立ちます。

ちなみに、調べたデータが古いと、後でほかの人から新しいデータが出てくることもあるかもしれません。でも、僕はそういうのは気にせず、知っていたらすぐに出しちゃうタイプです。

なぜなら勝ち負けではなく、目的の達成や、勘違いのないよう会議を進めるというゴールに近づくことが目的だからです。それには、お互いに情報を出し合い、精度を上げていったほうがよいと考えています。

「友達が少ない人のほうが説得力があることが言える」理由

なお、念のために触れておくと、根拠というのは「周りの友達が言っていた」ではなくて、統計や新聞記事などの信頼性が高いデータのことです。

たとえば、「40代の女性は不動産投資をどれぐらいやっているのか」というテーマに対して、

「40代の女性の友達のうち2人がやっています」

と個別具体的な例を出すよりも、

「金融庁の投資に関する調査によると……」

と言ったほうが説得力がありますよね。

しかし、データ以外のところで、なんとなく判断してしまう人は意外と多いのです。

たとえば「40代の女性は●●と考えるはずだ」という意見について考えてみましょう。

本来これには答えはありません。同じ40代の女性でも、共働きの人とか、専業主婦とか、

キャリア志向の人とかで、考え方は全然違うはずです。

それなのに周囲にいる人の意見だけを聞いて、ふわっと「40代の女性はこういうふうに考えるんですよ」と言ってしまう人は、結構多いように思います。

専業主婦で子育てをしている友達が周りに多ければ、彼女たちの意見をそのまま使ったりするし、キャリア志向で生きていると「子どもと家庭が一番大事」という人の考えはいっさい入らなかったりと、誤差が生じてしまいます。それなのに「40代の女性は▲▲と考えるんですよ」と一般論で語ってしまうと、おかしな話になりやすいんですね。

その点、友達や知り合いが少ない人のほうが、きちんとしたデータを用いることが多いわけです。ふだん、周りにそんな話を聞く人もいないので、官公庁とか〇×総研とかのレポートを探してくるしかないわけです。

〈人間関係にモヤっとしないために④〉

敵にしていい相手かどうかを見分ける

会議の席で、上司でもないのに、いつも場の空気を制圧できる人がいます。

そういう人には、立ち向かっていいタイプとそうでないタイプがあって、敵にしていい相手かどうかの見極めは大切です。

肩書きなどの属性がなくても、いながらにして場を制圧できるのは、**「わがままな人」**もしくは**「反論を想定して動いている人」**です。

このうち、「反論を想定して動いている人」に立ち向かうのは、非常に難しいです。そういう人は、反論が来ても「でもこういう根拠があるから」と返せるだけの材料を持っているから強いんです。

たとえば、「はじめに」の海外のパック旅行の話のように、「俺、もう50か国以上海外旅行に行ってるから、こういう時はこうするのが正しいっていうのが経験上わかる」などと言われると、「それはそうだよね」と言うしかありませんよね。こういう人に立ち向かうのは、無意味だといえます。

一方、わがままなだけの人は、反論に必ずしも強くありません。

「添乗員さんが来ないから、みんなで探しましょう」という意見に対して、「添乗員さんから、集合場所の駅に電話があった場合はどうするんですか」などと想定外の質問をすると、答えられなかったりするわけで、こちらは敵に回しても大きな問題はないでしょう。

〈人間関係にモヤっとしないために⑤〉

大人の対応をするための感情コントロールを身につける

ヤクザに足を踏まれたと思えば、ほとんどの人は怒らない

感情的になると、余計なことを口走って人間関係が崩れたり、かえって相手のペースにはまってしまうなど、ろくなことがありません。感情を抑えることが大切なわけですが、これも「慣れ」の問題になります。

でも、大人は誰でも感情をコントロールする方法を知っていると思うのです。

たとえば、子どもは遠足の時、雨が降るとブチギレたりしますよね。

でも大人は、天気は変えられないから、そこに怒りを表さないじゃないですか。基本的

に大人は、嫌なことがあってもブチギレて泣いたりしません。嫌な出来事が起きた時にも、その感情を切り離して考えることができるはずなのです。

もちろん、年を取ってもそれがあまり得意でない人はいます。年を取るにつれて、我慢をしないという選択肢をとったほうがラクだし、気持ちがいいなどの理由で、怒りをぶちまける人もいるでしょう。

それでも、むやみやたら怒る人はほとんどいません。

たとえば、知人や部下に足を踏まれたらめちゃめちゃ怒る人でも、電車の中でヤクザみたいな人に足を踏まれた時は怒らないですよね。つまり、足を踏まれたから怒るというよりも、怒っていい状況かどうかを判断したうえで、感情の処理をしているのです。

なので、「ヤクザに踏まれたと思って怒るのをやめよう」というような感情の切り替えを、もっと意識的にできるかどうかが大事なんです。

「目的」と「手段」を見直して、感情をコントロールする

会議の席で感情が高ぶってしまった場合、まず考えるべきなのは**「どういうふうにしたら、最も自分にとって都合がよいのか」**ということです。

これをはっきりさせるには、**目的を明確にすることが大切**です。

自分が少しでもいいポジションにいられることを目的にするなら、「恥をかかせたあいつを懲らしめてやる！」みたいなのは、得策でないことがわかるはずです。

これに近い考え方をするのが、アドラー心理学の「目的論」です。

アドラー心理学では、人が誰かを怒鳴るのは「怒り」が原因だとは考えず、怒りは何がしかの目的を達成するための「手段」であると考えます。わめいたらおやつがもらえるとか、怒鳴り続けることで相手を従属させるといった目的ですね。

アドラー心理学に基づけば、怒りは目的のための手段なわけですから、怒りをコントロールするためには、1つには「目的」を調整することが必要だということになります。

怒っている時には、「あいつを懲らしめてやる！」ということが目的になりがちですが、「そんなことより、私には会社でよいポジションに立つという目的があるんだ」などと思い直すことで、怒りを抑えられるのではないでしょうか。

もう1つは、**目的は変えずに、手段を変える**ことです。

たとえば、おやつをもらいたければ、わめかずに、家の手伝いをしたっていいわけです。自分の言うことに相手を従わせたいと思ったら、理路整然と説得したり、周りの人の協力を得て圧力をかける、というやり方もあります。

感情ではない別の手段を使って、目的を達成することを考えればいいわけです。

どうしようもない時は息を止めてみる

どうしようもなくモヤモヤした気持ちは、うまく切り替えをしていくしかありません。

こういう時、没頭できる趣味があれば、それに没入するのがいいかもしれません。ゲームをやるとか、漫画を読むとか、映画を観るとか、ほかのことをまったく考えないで集中できる趣味なんかがあったりすると、こういう時に役立ちます。

でももっと短時間で感情を抑えるために、僕がおすすめしたいのは、息を止めることです。

人間、息を止めると、何も考えられなくなります。怒りや不安のことなんかを考え続けたくない時には、息を止めるとか、あるいは走ってみるとか、**人間の物理的な体の部分で変化を起こすほうが効果は早かったりします。**

ただし、目の前に人がいる時に息を止めると、頭も回らなくなって変なシチュエーションになりますし、そもそもその感情を作った原因となる人がそばにいると、頭を切り替えることはできません。そんな時は、「すみません、ちょっとトイレ行ってきます」などと言って、ひとまず一人になれる場所に行くのがいいと思います。

〈人間関係にモヤっとしないために⑥〉

言い返せなかったことを今後に活かす

会議で言い返すことができなかったりすると、そのことを思い返して腹が立ったり、ネガティブな気分を引きずったりしてしまう場合もあります。で、「あの時、言い返したほうがよかったんじゃないか」なんて考えがちなのですが、結論からいうと「言い返さなくてよかった」と考える、というか思い込むほうがいいです。

「言いたいことがあったのに、そこはぐっとのみ込んで我慢した」「そして、我慢をしたほうが得である」と、その時の自分が信じたのであれば、それなりの理があるのです。

過去は変えられませんから、「言っておけばよかった」と後悔したところで得することはほぼゼロです。その点、**「我慢するという判断をした自分は正しい」と思い込んだほうが、幸せなんです。**

うまくいかなかったら次につなげよう

ただ、やっぱり気になってしまうなら、「ああいう悔しい思いを二度としたくないから、今度同じことがあった時はちゃんと言い返せるように、自分の行動を変えてみよう」と考えるのがいいのではないでしょうか。言い返せなかったことを悔いるなら、その経験を今後の行動に活かしたほうが建設的です。

第2章

勝とうとしなくても、相手が思い通りに動く方法

——強く出なくても人を動かす言い方があります

最初に「勝とうとしない」って言われたけど、どちらかというと、相手に気づいて動いてもらいたいのよね。

わかる！　察してほしいです。

いや、仕事で「察して」っていうのは難しいでしょう。でも、相手が動いてくれるように話を持っていく方法はありそうだよね。

僕はお客さん相手の仕事も多いんだけど、なかなか話を聞いてもらえるところまで、いかないんだよね。たとえ話を聞いてくれても、もう一押しができなくて、だいたい断わられて「わかりました！」と言って帰ってきちゃう。自分の情熱を伝えよう！と頑張ってみることもあるんだけど、冷たい反応で、心が折れます……。

いいやり方があったら、教えてほしいです!!

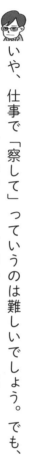

ひろゆきさん、
勝とうとしなくても、
相手が思い通りに動く伝え方を
教えてください！

相手が自分で気づいたかのように
話を持っていけると、
物事がスムーズに動きますよね

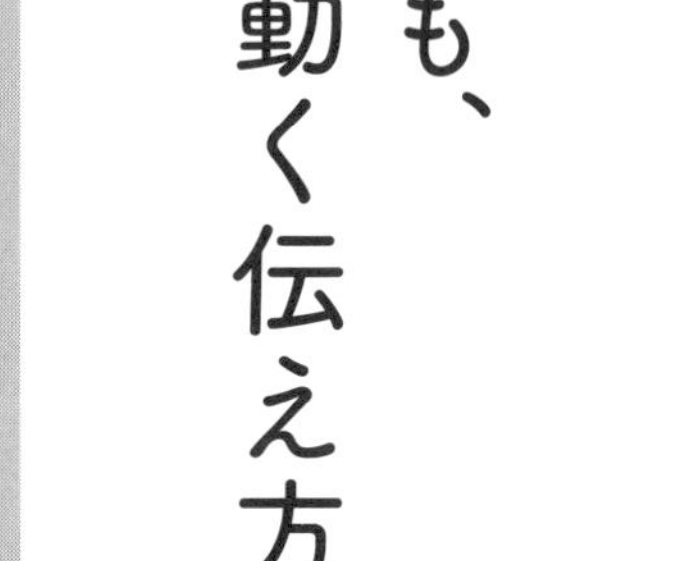

相手の「判断の軸」をズラす

みなさん、まだ勝ちにこだわっているように思えるのですが、これまで述べたように、勝ちにいく必要なんてまったくなくて、いかに「あなたの考えに乗ったほうが得だね」と相手に思わせるかが大事なんですよね。その方法の1つとして、相手が戸惑うような情報を提示してはどうでしょうか。

たとえば、不本意に「転勤しろ」と言われて、「嫌です！」と本音で断るよりも、

「うちの妻が嫌がって、仕事をやめろと言われるかもしれません」

と伝えたり、

「その土地に詳しいBさんのほうが、会社にもメリットが大きいのではないでしょうか」

などと提案してみる。すると上司にしてみたら、「無理に命じて退職されるのと、代わ

りにBさんに転勤をお願いするのとどちらがいいのか？」といった想定外の選択肢が増えるわけです。要は、話の軸を「Aさんを転勤させるかさせないか」から、「Aさんを転勤させるか、Bさんを転勤させるか」、または「（転勤させて）Aさんがやめるか、（転勤させず）Aさんもやめないか」に、ズラしてしまうわけですね。

●最初の判断軸　**Aさんを転勤させるか or させないか**

↓

●その後の判断軸　**Aさんを転勤させるか or Bさんを転勤させるか or 転勤させてAさんがやめるか or 転勤させずAさんもやめないか**

今まで、「組織のことだから仕方がないのかな」と、上司の話をうのみにしていたところがあります。

話の持っていき方にもよるんですが、「組織のために何がよいのか」という点でも、「AさんよりBさんを行かせたほうが、組織にとってよりいいことだよね」「Aさんがやめるよりやめないほうがありがたいよね」という話に持っていくことはできま

すよね。その提案がよければ、合理的な上司なら「確かにそっちのほうが得だね」となるはずです。

その時のコツとしては、「自分が転勤するかしないか」よりも、もっと上の目的を天秤にかけてしまいます。たとえば「そのほうが利益が出る」「物事がスムーズに進む」など、部署や会社にとって、もっといい手段・方法として提案すれば十分なんじゃないかなと思います。

大事なのは、その時相手に「自分は合理的に考えて得なほうを判断したな」と思ってもらうこと。「絶対行きたくないです」などと、自分の感情的・主観的な意見をぶつけても意味がありません。

急な転勤の話に困ったら……

相手の判断の軸をズラそう

自分のアイデアを、相手自身が思いついたかのように誘導する

勝つことを目的にしている限り、ポジションが高かったり味方が多くないと、なかなか勝てません。相手を言い負かして、それでうまくいく場合もあるにはありますが、日本ではそうしないほうがいいことのほうが多いと思います。

特に会社では、上司と論戦を繰り広げたところで、不利な戦いになるのは目に見えています。初めから上司のほうが立場が上で、会社のことを決めるのも上司です。議論そのものには勝てたとしても、かえって悪い結果になる可能性もあります。だからこそ、あくまで上司を、自分が思う流れに乗せていくという別の戦い方をすべきです。

一番よいのは、自分の考えを、さも相手自身が考えたことのように仕向けていく、ということです。

たとえば、会社で何か企画やプロジェクトを通したい時、「これをやりたいです。これがうまくいくと思うんです」と言い続けて説得を試みるより、**決済者である上司自身がその案を思いついたかのように思い込ませたほうが、企画案やプロジェクト案が通る可能性は上がります。**上司にとっては「自分の企画だから、ぜひとも進めたい！」という意識になり、サポートをしてくれるようになるんです。

そして、あなたはというと、「その上司の手を借りて企画を動かしている」ポジションで、問題なくそのプロジェクトを進めていけます。

ちなみにこれは、心理学的な裏付けがあります。

コロンビア大学の心理学博士であるハイディ・グラント・ハルバーソンの著書『やってのける　意志力を使わずに自分を動かす』（大和書房）によれば、自分で選んでやっていることにこそ、人間は高いモチベーションを発揮することが、さまざまな実験データから説明されています。なので、上司に決めさせるほうが思い通りになりやすいのです。

逆にへたに説得しようとすると、かえって相手はつむじを曲げてしまうこともあります。これは心理学で「ブーメラン効果」といい、わりと広く見られる話です。なので、説得せず、いかに思い通りに動いてもらえるかに取り組むほうがいいでしょう。

説得しようとしてはいけない

実践！　上司を上手に動かす方法

さて、実際にどのようにしたらよいのか、具体的にシミュレーションをしてみましょう。会社で「ＣｈａｔＧＰＴ」に関するプロジェクトを立ち上げたいとします。

まずは上司が何を望んでいるかを知りましょう。最も一般的なのは、「自分たちの部署の利益が上がる」ことですよね。

相手の望みがわかったら、そこから話を始めます。たとえば、

「どんなプロジェクトだと利益が上がりますかね？」

「3年後ぐらいに流行ってそうなのってなんだと思います？」

みたいな世間話をしてみましょう。そしてこの時、自分がやりたいネタを含めて話していきます。「今なら、ＣｈａｔＧＰＴあたりですよね」「ソーシャルゲームは、手堅いらしいですよ」「動画サービスが利益を出しているらしいですね」といったふうに。

で、これら3つの中で、自分がやりたいのがＣｈａｔＧＰＴだとしたら、続けて、

「そういえば、ＣｈａｔＧＰＴは、まだ日本だと競争相手がそんなにいないですから、

今からでもスタートラインに立っておけば、5年ほどでいいポジションをとれるかもしれませんね」とか、**「動画サービスだとYouTubeは飽和していますし、今からやっても、よっぽどでないと5年では追いつけなさそうですよね」**みたいに話していく。

それでもって**「今やるなら何がいいと思います?」**と聞けば、おおかた「まぁ、今ならChatGPTだよね」となるんじゃないでしょうか。

後日、「部長、先日、ChatGPTの新規ビジネスがこれから来ると言われてましたよね。あれでヒントを得て、こんな企画を思いついたんですけど、どう思います?」とか、「先日、ChatGPTの話をした際、どうすればうまくいくのか、という話をしたじゃないですか。それで、こういうアプローチだったら、まだないんじゃないかなと思いまして……」と提案してみる。

すると、上司は、「俺が言った案を、具体的にしてくれたのか」「俺と話した案を、どうすればブレイクスルーするか、考えてくれたのか」と、話に乗ってくれる。

こんなふうにして、上司のモチベーションを、ChatGPTのプロジェクトを進める方向に向けていくんですね。

その際、実質的にうまくいく理由や判断材料を持っているのはあなたなので、あなた自身は企画を通すための情報を上司に提供する役回りになります。企画発案者が自分にはならず、上司に取られてしまうことにはなりますが、結果としてやりたいことができるし、活躍の機会が増えます。また、上司からすれば、あなたは、お膳立てしてくれた部下となるわけですから、その後、いいポジションが得られる可能性が高いでしょう。

もちろん、ある程度関係が築けている場合は、多少の説得をすることもできると思います。でも、上司自身がやりたいと思ってくれたほうが、その後もラクなので、なるべくなら説得や議論という形にしないほうがいいんじゃないかと思います。

ここがダメ

A：今度社長に提出する事業企画ですが、ＣｈａｔＧＰＴを使ったものにしたほうがいいのではないでしょうか？

上司：うーん、今自社で対応が遅れている動画から始めようと思っているんだけど。

A：でもChatGPTのほうが動画よりも今後伸びると思うんですよ。

上司：どこにその根拠があるわけ？

こう変わった！

A：**今後5年でどんな事業が注目されると思いますか？**

上司：今なら、動画だろうね。

A：**動画もいいですよね。ChatGPTなんかも、今からサービスを手がけるならまだ間に合いそうですね。他社の事例でこんなのがあって……。**

上司：ChatGPTもありかもな。

A：**課長がそうおっしゃるなら、**市場の状況や、コストの面など必要なデータを調べてみますね。

上司：いい事例があったら、今度の社長提案で出してみようかな。ありがとう。

根拠なく上司の意見を否定すると、その後うまく進みづらい。

雑談的に始める。

相手の考えを否定せず、自分の伝えたいことも伝える。事例やデータを添えるとよい。

上司が自分で決めたかのように持っていこう。

言い負かさないように情報を出す

大切なのは、相手を言い負かそうとしないことです。**押しつけるのではなく、質問の形にしたり、相手の話に乗っかるように情報を出していきます。**

たとえば、上司が「新事業をするとして、具体的に何をやればいいのかな?」と考えている時を見計らって、「最近は、こういうサービスが急速に伸びていて、主要になるサービスが今後○年以内に決まっていく、という話があるみたいですね」「なかでもChatGPTについては、その関連会社で日本国内の投資額が100億円超えたそうです」みたいな形で、あらかじめ持っている情報を出していくのです。

これが、上司に議論で勝とうなどという魂胆《こんたん》で強硬に主張でもして、へたに言い負かしたら、「もう動画もChatGPTサービスもやらないよ!」なんてキレ方をする人もたくさんいますから。

一次情報を一緒に見る

もっとわかりやすいやり方は、一次情報を一緒に見る、ということでしょうか。

たとえば、ある新商品の色を決める立場にいたとします。

そして街の定点観測ウェブカメラを見たり、新宿、原宿、渋谷などの街に出てチェックして、自分は「ピンクが増えているな。今年はピンクがいいな！」と思ったとします。

でもその時、**そのまま「今年はピンクが多いので、それで決まりですね！」などと上司に主張することは避けます。**「ピンクが流行っている」ことがわかるウェブカメラの映像をキャプチャーしておいたり、街全体の写真を撮っておいたりして、それらを上司にも見せるんです。最もピンクが多かった街を上司と一緒に見て回ってもよいでしょう。

そして、「ほら、あそこにもピンクの服を着た子がいます」「こっちにもいますよ」などと横で言って、上司に「ピンクが流行っている」という印象を植えつける。すると、上司は勝手に「今年の流行りはピンクだ！」と思い込んでくれるわけです。

一緒に見て判断してもらう

「自分のほうが上位である」と相手に思い込ませる

頭を下げると足元を見られるから、自分から謝りたくないという人がたまにいます。下に見られるのがイヤなのでしょうね。でも、下の立場のほうがうまくいく場合もあります。

人間って、相手よりも上位に立っていると思い込んでいる時のほうが判断の基準が甘くなりやすく、こちらの思い通りに動かすことが簡単だったりします。

たとえば、僕がトヨタの車を売る人だとします。

この時、最初から僕が「トヨタ車を買うべきだ」とお客さんに言っても、相手にその気がなければ応じてくれないでしょう。まして、偉そうに説得などしようものなら、「こいつの言うことなんか聞くもんか」と、反発されるかもしれません。

しかし、僕が頭を下げれば、相手は自分のほうが格上であり、この場は自分が主導権をもって進めているんだと感じます。

そして説得するのではなく、相手に「トヨタの車を買ったほうがお得だ」と思わせるように仕向けていきます。たとえば、「▲▲の理由で、今買うならホンダかトヨタでしょうね」などと話していきます。

先ほど「主導権」という言葉を出しましたが、**主導権があるというのは、いわば議長役を引き受けている**ようなものです。目の前のさまざまな要素を調整して、一定の時間内に何かを決めなければならない立場にあります。

この場合でいえば、トヨタやホンダだけでなく、マツダやら日産などたくさんの車の候補の中から、自分の好みや家族の希望などに沿った車を選ぶ作業を、自ら進めていく必要があるわけです。初めから何を買うかを、ある程度決めているわけでなければ、1つに決めるのには結構苦労するはずです。

そういう役回りになった相手からすれば、アシスト役のような人が助言をすることで、少しずつ候補が絞られていくのは、助かるわけです。

そこで、「〇〇さんの好みから考えると、マツダや日産ではなく、トヨタかホンダがよいかもしれませんね」などと、多くの選択肢から必要なものを絞ってくれるような助言をすれば、相手は「ありがたい」と思うんです。

一方、僕からすれば、トヨタとホンダの二者択一にした時点で、すでに50%勝ちなんですよね。後は「トヨタかホンダ、どっちにすべきかな？　俺はトヨタだと思うんだけど」ということを、いかに相手に言わせるかです。そこで話をしながら相手のニーズをつかみ、それに見合う形でトヨタの利点を伝えていくわけです。

ちなみに話の途中で、「実は僕はホンダが好きなんですよね」といった自分の立場からすると不利になるような情報を入れるのもよいと思います。

むやみにトヨタを勧めなかった時点で正直な人という印象を与え、相手は僕のことを信用してくれるかもしれません。

アシスト役でうまくいく

この方法は仕事だけでなく、日常的にも使えます。

たとえば、「今日は夕飯の支度をしたくない」と思っている奥さんがいたとします。

そこでいきなり「ご飯作りたくないから、外食にしたい」と言うと、家でのんびりしたい夫から反発されるかもしれません。

だったら、

「今日の夕飯、何食べたい？」

「なんでもいい」

「そういえばこの間、久しぶりに辛いものが食べたくなった、って言ってたよね」

「ああ、たまに食べたくなるんだよね」

「近所に、辛いタンタンメンを出すお店ができたみたいなんだけど、行ってみない？」

「あ、いいね」

といったように、夫の夕飯を充実させる方向にアシストしていくと、自分の希望も達せられるのではないでしょうか。

自分の価値を認めてもらうために、リサーチで逆張りの提案をする

当然ながら、相手から「この人に会うのは価値がある」と思ってもらえれば、忙しい人にも会ってもらうことができたり、自分の意見を聞いてもらえる可能性が高まるでしょう。

ベテランだったりスペシャリストだったり上位の役職者でないと、そんなことは無理と思っている人もいるかもしれませんが、伝え方や準備の仕方で、誰もがそうした価値を感じてもらうことはできます。逆に実績があるのに、どうも評価してもらえないと考えている人は、言い方で損をしているかもしれません。

相手に関心を持ってもらうためのデータの使い方

まず、自分に価値があると思ってもらうには、「当たり前」のことをやってもあまり効

果はのぞめません。

では、「買わない」と言う人が、なぜ買わないのかというと、「買うと損するんじゃないか」と考えているのだと思います。だからその逆に「買わないと損しますよ」ということが示せれば、1つの「勝ちパターン」になりますよね。

「勝ちパターン」を作るには、きちんとしたデータや数字に基づいて提案する必要があります。

たとえば、営業担当でコピー機のリース契約をとりたいけれど、すでにほかの会社のコピー機が入っている場合、その会社はどこだとか、そこよりも自分たちのほうがメリットがあることを示すにはどんなデータが必要なのかとか、そもそも顧客のオフィスには何台ぐらいコピー機があるのかといった情報をまず把握します。台数は、企業のウェブサイトに載っている社員数から逆算することもできますよね。ちなみに社員数だけでも、ボールペンは年間何本必要か、トイレの必要数はどれくらいかなど、概算することで多くの情報が推測できます。

そのうえでデータを示しながら、「弊社のこの商品に替えると、御社が毎年使っているコストが20％減りますよ。だからこれを買ったほうが得です。買わないと損なんです」という話をすれば、説得力が増し相手を惹きつけやすくなります。

ほかの人と違うメリットを主張

相手や状況次第で、こんなやり方もできます。

たとえば、**「このプロジェクトで得はしないかもしれませんが、損もまったくしません。ただ、ちょっとだけ気持ちよくなるかもしれません」**などと言うと、相手は「何だろう？」と思うじゃないですか。

多くの営業担当者は「得しますよ」といった提案をするのに、「得はしないかもしれません」と話している。普通なら「儲からないなら聞くだけ無駄じゃん」と流されてしまいますが、そこに「気持ちよくなるかもしれません」の一言が入ると興味が湧いてくるわけです。

実際に「利益は全然上がらないけど、ネットを見ている人にめちゃめちゃ好かれる」ということはありますよね。

「X（元ツイッター）のシャープのアカウント知ってます？　中の人が頑張っていて時折、話題になるんです。あれアカウントの運営単体では全然儲かってないと思うんですけど、めちゃくちゃイメージいいじゃないですか。ああいう感じです」といった言い方をすると、「儲かんないけど、やらないよりは、やったほうがいいかもね」という話になる。そこで「運用に月30万円ください」と営業をかければ、うまくいく可能性はアップします。

こんなふうに、ほかの人たちとは違うところで、メリットを主張するのは、数多くの競争相手の中から自分が選ばれるのに有効です。

なお、こうした交渉は、相手や状況次第のところがあるので、臨機応変な対応が必要になります。事前準備をしすぎると、それをそのまま実行することにこだわってしまいがちです。そうなりやすいタイプの人は、「事前準備はあくまで目的を達成するためのもので、こだわりすぎないほうがよい」ということを思い出してほしいですね。

「忙しい人」には、「忙しい人」向けの提案がある
——限られた時間をもらうために

提案や相談をしようにも、相手から「時間がないから」と即座に断られてしまうことがあります。そういう場合に、なんとかこちらの話を聞いてもらうには、どうすればいいですか？

忙しい人に対しては、「忙しい人向けの提案」をしていることが、きちんとわかるようにしておくのがいいです。たとえば、資料が20ページあるとしたら、それを目の前に出しておきながらも、**「この資料の6ページ目だけを見てください。1分で説明します」**と言って、すぐに終わりにするといった方法です。

要は、「あなたは頭のいい人ですから、こんなのいちいち見なくてもいいですよね。論点は整理したのでそこだけ見て判断してもらえばいいです。後日、結果をうかがいますの

で、今日はここで帰ります」と暗に言って、手短かに終わらせるという感じでしょうか。「それだけ」と思うと心配になるかもしれませんが、こういう工夫をしていると、「あいつはわかっているやつだ」という評価につながります。

忙しい人は、いろいろな人に会って、さまざまな交渉を受けます。そんな人に対し、資料を出して、パワポに書いてある文字をいちいち読み上げる、みたいなまどろっこしいことをやると、「俺の時間、食われてるな」と思われちゃうんですよね。

でも**たいていの人は、忙しい人にもそうでない人にも、同じやり方で対応しようとします。**

だからこそ、ほかの人と違うやり方をすることで、よい印象を残す。この時、本当はたくさん提案がある場合でも、あえて絞ったほうがいいと思います。あとは資料を置いておく。忙しくても関心がある人なら、資料を置いていくだけでも見てくれたりしますから。

相手の時間を奪わず、自分のための時間をもらう方法

忙しい相手だと、時間をとってもらうのがまず大変です。とってもらったとしても、その時間も十分ではないかもしれません。

そんな時は、**移動時間など、相手の時間を新たに奪わなくてすむ時間はないか聞いてみてはどうでしょうか。**たとえば「この後、移動する予定あります？」と訊ねて「16時にタクシーで移動する」という話であれば、「その時間、タクシーにご一緒してもいいですか？」と聞いてみる方法もありますね。

ただし、このやり方が通用するかどうかは、相手次第です。相手が若い人の場合は受け入れてくれるかもしれませんが、初対面であったり、相手が年配の方の場合は、「何言ってんの、こいつ？」となることも多いと思います（なお、もし自分が若かったり、自分の魅力に自信があるなら、「若気の至りだからしょうがねえな」とか「かわいい子（イケメン）だからＯＫか」みたいな感じで許されるかもしれません）。

いずれにせよ、「あなたが時間がないことを承知したうえで、私はなるべく負担をかけないように動いていますよ」ということを暗に伝えていくのが大切です。自分のやり方を押しつけずに、相手の状況に合わせて進めていきましょう。

限定してリスクを引き受ける

――保守的な人に動いてもらうために

相手が弱気だったり、新しいことに慎重で乗り気ではない場合は、あきらめたほうがいいでしょうか？

いえ、あきらめないほうがいい場合も多いですよ。要は、相手がなぜ慎重だったり乗り気ではないのかを知ることです。理由によっては、かえってラクに相手を動かすことができます。

たとえば、あなたがＩＴ企業の営業で「社内システムを導入しませんか」という提案をしているとします。

断る時に相手側が「各部署への対応が大変だから、あんまりやりたくないんだよね。いずれは必要だと思うけど」と言ってきたら、しめたものです。「各部署への説明はうちの社員がやりますので、ハンコさえ押してくれれば、後は何もしなくていいです。評価だけ得られますよ」という形に持っていくと、営業が成功したりするからです。

つまりは、**相手を慎重にさせている要因が、こちらで引き受けられるものであれば、それを引き受けることで、相手を動かせるんですね。**

こうした提案をする人は、あまりいないと思うので、信頼を得ていくうえでもプラスになるのではないでしょうか。

もしくは、新しいウェブサービスを社内で使いたいけれど、上司が効果に否定的で説得しないといけないということなら、「サービス期間の1か月間試してみて、結果が出なければやめたらいいいんじゃないでしょうか」と期間を限定して相談することもできますね。

「相手の心配」をなくす提案をしよう

相手がなんらかのリスクを感じて、及び腰になっていることはよくあります。たとえば店舗なら「仕入れても売れ残って損するんじゃないか」、会社だったら「業務で新たなシステムを使うことで、情報漏洩などのリスクはないのか」など、いつもと違うことをやる時に、反対意見が出るのは当然です。

そんな時は**「リスクを限定する」**という方法があります。

たとえば、あるメーカーで働いていて、自社の商品を少しでも仕入れてもらいたいとします。

ある店が本来なら1か月に60個売れそうなところを、いつも20個しか置いてくれない。

これをなんとか60個に増やしたい場合、この手が使えそうです。

この時、相手が60個に増やしたくない理由が「売れなかった時に値下げで処分すると利益が下がる」ということでしたら、まずは「いつまでに60個売れるか」という予測を精度高くできるかが肝心です。そして高い確率でそれが可能だとわかったら、「1か月以内に60個は売れると思います。もし売れなかったら、返品してくれれば引き受けます」と提案するのがいいのではないでしょうか。

もしくは、相手が「返品するのは手間がかかって嫌なんだよね」とためらっているなら、「1か月後に余っていたら、直接取りにうかがいます」とでも言えば、相手のリスクや心配事を消せます。相手には喜ばれますし、受け取りに行く際に別の商品の営業もできたりしますよね。

〈自社商品を店舗に仕入れてもらいたい場合〉

ここがダメ

営業：60個の納品でどうでしょうか？

店員：いえ、20個でいいです。

営業：でも、類似商品は貴店で1か月に60個売れていますし、一度試してみていただけないでしょうか？

店員：でも、わからないので……。

営業：人気商品なので、損にはならないと思いますが。

店員：わからないものはわからないので、いいです。

こう変わった！

営業：60個の納品でどうでしょうか？

店員：いえ、20個でいいです。

普通に押しても、相手側の問題を解決していないので、相手は動いてくれない。

営業：でも、類似商品は貴店で1か月に60個売れていますし、一度試してみていただけないでしょうか？

店員：でも、わからないので。

営業：**だったら1か月様子を見ませんか？　そこで売れ残った時はうちが引き受けるので、それならリスクはないですよね。**

店員：1か月で返品できるのならば、まあ。

営業：人気商品なので、損にはならないと思いますよ。

相手は在庫を抱えるリスクを心配していると考え、期限を区切ってこちらがリスクを引き受ける提案をする。

確実に答えがほしい時はメールにしない

メールで「今回の件は見送らせてほしい」と断られると、理由もわからないし何もできません。こういうケースはどうしたらいいんですか？

提案をメールで送った時点で、もう負けているんですよね。メールで断ることが可能な状態になってしまっているので。ねばりたい案件なら「提案させてほしいんで

すけど、ちょっと口頭じゃないと説明できません」という状況にしたほうがよいかもしれません。

たとえば、「実物をお見せしながらじゃないと、説明できないので、30分だけ時間をくださいませんか？」などと提案してみたらいいんじゃないでしょうか。メールは、この30分の時間をもらうという約束に用いるべきなんです。30分が長ければ、ｚｏｏｍや電話で10分でも5分でも話すことはできると思います。

なお、メールで相手の状況を聞こうとする人もいますが、それも本当は面会してのほうがいいでしょう。たとえば相手の会社に行って「御社はコピー機、何台入れてますか？」と尋ねれば、たぶん数字を答えてくれると思います。でも同じことをメールで質問すると「なんだこれ？　無視すればいい」ということになりがちです。

怖そうな人へのアポは「顔だけ見て帰る」でいい

見るからに怖そうなお客さんがいて、おまけにとても頑固《がんこ》だと社内では噂なんです。よりによって気の弱い私を、何でそんな人のところに行かせるのか……大変不安でたまりません。

そんなに不安に感じる必要はないと思いますよ。頑固で付き合いづらい人ほど知り合いが少ないので、仲良くなっちゃうと信頼を得られるんです。

最初にどうやって近づくかについてですが、もちろんこの場合も「価値のある提案」ができることが一番です。でも、そうでもない場合は、ただただ**「会って5分で帰る」**ということをきちんとやっていくのがよいと思います。

人付き合いが苦手で頑固な人は、とっつきづらいですよね。当然、ほかの人との接触時間も短くなる傾向があるでしょう。人は単純な生き物で、接触時間が多い人ほど信頼や好感を抱いてしまう性質があります。心理学でいう「単純接触効果」ってやつですね。だから、付き合いづらい人でも、意味もなく何回も会いに行く、というのを繰り返していると、**結果としてその人の中の「仲のいいランキング」の上位になれる**んです。そして「もし話をするんだったら、この人がいいよね」というポジションが得られます。

雑談とかどうでもいい話をするだけでいいので、「行って5分で帰る」ことを積み重ねていくことです。「顔だけ見に来ました」と言って、本当に顔だけ見て帰ってもいいでしょう。話が盛り上がらず時間の無駄と感じても、「顔だけ見に来た」と言われると、相手からは「自分に好意を持っているんだな」と感じてもらえるので、その後の人間関係が良好になります。

注意点として「顔だけ見に来た」と言っておきながら「なんか買ってください」と営業すると、台無しになってしまいますから、何もしないことが望ましいです。

相手がいなかったとしたら、その時は名刺を置いていくだけでもいいと思います。「わざわざ会いにきてくれたのか」と好感ポイントが上がります。自分の時間を有効に使えますし、信頼を得る上での時間効率がすごくいいんですね。

「ただの熱意」ではなく、「客観的な材料」＋「熱意」を伝える

断られた相手に、熱意を伝えて相手に動いてほしいんですけど、押しつけがましくはなりたくないし、熱く語りすぎると引かれたりします。キャリアが浅く、自分には熱意ぐらいしかないんですが、熱意で押すのはありでしょうか？

僕は、熱意という武器１本でうまくいっている人を見たことがありません。体育会系の業界など、僕の知らない世界ではあるのかもしれないですけど……。

すでに実績がある人が「これを本気でやるんだ」と言うのであれば、説得力がありますよね。たとえば、孫正義《そんまさよし》さんが「全然説明できないけど、これ本気でやろうと思うんだよ」と言えば、「じゃあ、なんとかなるか」と、多くの人が思うでしょう。また、すでに関係性ができている相手であれば、熱意だけでも話を聞いてくれると思います。

でも、なんの実績もない人が「熱意で成功させます」と言っても、その話を信用することはできません。下手をすると、おかしな宗教や詐欺にしか認識されないでしょう。

必要なのは、**「客観的な材料＋熱意」**にすることです。材料が全然ないのに熱意だけだと、相手には響きにくいんです。実績が足りなくても、客観的に見て「これはうまくいく可能性がある」というエビデンスを用意する。そのうえでの熱意だったら効果はあると思います。

押しが弱いのではなく「相手にされない原因」がある

そもそも、「うまくいかないから熱意で」というのが、おかしいんです。

断られた時は、**「押しが弱かったんだ」と思ってやみくもに相手に食らいつくのではなく、「何で相手にされないのだろうか？」と冷静に振り返り、その原因に手をつけていく**のが、第一歩です。

もちろん、日産の子会社にトヨタの車を売りに行くみたいに、100％相手が断るだろう場合は、無理だと思うんです。

でも、そういうことではなくて、「今時点ではいらない」とか、「他社製品を買ったばかりなんだ」という理由で断られたのだったら、「3年後の入れ替えの時にどうですか？」とか「うちは、その商品だけじゃなくて別の商品もあるんです」みたいな話ができますよね。

そもそも、本当に相手にされない人だったら、アポすら取れないと思います。アポが取れている時点で、相手は何かしらの価値を感じているのでしょうから、あきらめる必要はなく、できることがいろいろとあるのだと思うんです。「商品が高すぎるよ」と言われても、「安いプランもあります」とか、「今世の中にある製品だとたぶん3年ぐらいしか持たないけど、弊社のものは10年持ちます」とか、別の魅力を説明できるとよいでしょう。

「泣き落とし」カードの上手な使い方

人間関係ができている相手であれば、こちら側の一方的な熱意だけでなんとかなることもあります。たとえば、懇意にしている店長さんに、「仕入れてくれないと、上司に怒られて大変なんです」と同情を買う手もありですよね。

ただし、こういった「泣き落とし」カードは、あまり多用すると使えなくなるので、本当に必要な時以外は使わないほうがいいでしょう。日頃、土下座などしなさそうな人だからこそ、効力がある方法なので。

ちなみに、泣き落としができるような関係の人を作っておくことは、何かと便利には違いありません。

今回は自分が泣き落としでお願いしたけれど、今度相手が泣き落としをしてきた時にはそれを受け入れるといったように、**貸し借りができる間柄であること自体が、ある種の共犯関係になって、より人間関係が強くなったりするんですよね。**

キャバクラでの接待のようなものには基本的にネガティブなイメージが強いのですが、あれは相手と共犯関係になるという目的があるんです。「あいつ、接待でキャバクラとか風俗に行ってたぞ」と自分の会社の人にバラされるという弱みをお互いに握ることで、共犯関係が成立します。それによって、より深い話がしやすくなる。

正当な手段とはいいづらいですが、そのカードを使って結果を出している人もいるところにはいます。

念のためにいっておくと、そういう接待を勧めているわけではありませんよ。

「相手のため」の提案に、とことん徹する

この章の最後に一番大事なことを。

相手から信用されたいなら、相手のための提案に徹することが大事です。「相手のため」に徹するとは、**時には自分に不利になる情報も、相手のために提供する**ことです。

商談の場を例にすると、どんな会社でもプロジェクトでも、相手には相手なりの目的があります。その目的を成功させるには、時には自分の会社のものではない製品を買うほうがいいこともありますよね。ならば、「うちのじゃなくて、他社のですけど、あの製品を入れたほうが得です」という話をします。

こういう自分には不利な情報でも相手のために伝えることで、相手の信頼を得て、人間関係が続いていくんです。たとえその商談が不成立になっても、何か別の時に「だったら

あの時に来た人の話を聞いてみよう」という流れが生まれたりします。

そもそも自分の利益を最大化することしか頭にないような相手と話したいと思う人は、あまりいないと思います。「この人は自分たちのために考えてくれている」と感じてもらえれば、「あいつだったらまた、何かいい提案をしてくれるんじゃないか」と評価され、話を聞く価値のある人として重宝されるのです。

だから僕は、相手の利益のためだけの話を結構しますね。自社商品や自社サービスを買わせられなくても、「自分の提案に乗ることで相手が成功した」という経験を相手にしてもらうのです。見方を変えれば、売れたのが自社商品ではないだけで、自分の提案には価値を感じてもらえているのです。

こんなふうに「こいつの話に乗ったほうが得をする」という経験をいろいろな相手に積んでもらうことが、長い目で見た時の成功の近道です。そうすると、次回別の話をした時に、「こいつの話に乗ったほうが得するかもしれない」と考えてもらえますから。

第3章

嫌われずに断る方法

――本当は好かれる、上手な「わがまま」の伝え方

体よく仕事を押しつけられちゃって……。やっぱり断ればよかったな。

私は、周囲を気にしちゃって断れないことがあるんですよね。一度断っても、何度もお願いされると、結局、引き受けてしまったりして……。

これまた「察してよ〜」って思います!!

自分も周囲から、「頼みやすいキャラ」って思われているみたいで。断ろうとしても、なんだか言いくるめられちゃうんですよ。

断ることにストレスを感じる人は結構いますよね。そういう人は、得てして真面目で、「正面から相手を説得して断らなければならない」と考えているように思います。でも、相手だって断られたくはないわけですから、いかに正論で断ろうとしても、あの手この手でつなぎとめようとします。いかにすれば、ラクに断れるか？　いくつかのテクニックを紹介します。

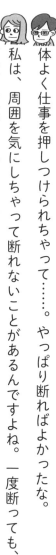

ひろゆきさん、
相手に嫌われずに、
断る方法を教えてください！

正面から断る必要って、
必ずしもないんですよね

〈人間関係にカドを立てずに断る方法①〉

「自分ではどうにもならない」外的理由を作る

できない理由を、自分以外の人のせいにして断ってしまいましょう。

たとえば、第2章でも例に出した「転勤」の要請について、

「うちの妻は今メンタルが不安定で、転勤なんて言ったら刺されかねないんで、マジで転勤は無理なんですよ」

といった話をします。要は**「あなたが状況を変えてくれるんだったら行けますけど、さすがにこれは無理ですよね?」**という話をして、判断のボールを相手に投げてしまう。

そんな妻を説得するのは上司にも無理じゃないですか。これでたいていの話は終わると思います。

ほかにも、

「実家の親の介護をしなきゃいけないんです」

「土日は両親の世話をしに行かなきゃいけないので」
「兄弟にちょっと心の病があって、離れるとものすごい回数の電話が来るんです。深夜に呼び出されるんですよ」
みたいなことを言います。それを聞いたら、上司も何も言えません。

身内のネガティブな話をネタにすることには、抵抗を感じる人もいるかもしれません。その時は、家族以外の理由をつければよいでしょう。要は、「自分の一存では、なんともできません」ということが伝わればいいのです。

自分だけでなんとかできそうな事柄を理由にしてしまうと、相手は「それは頑張れるよね」「気持ちの問題だよね」と認識しかねません。当然、さらなる説得に入ってくる可能性があります。また理由が自分にあると「努力できない人だ」「自分勝手な人だ」とネガティブなイメージを持たれる恐れもあります。

なので、**「自分自身で変えられることだったら、私だって最善の努力をしますよ。でも、これは外的要因なので、自分では変えられないんです」**という態度に徹します。

ここがダメ

上司：4月から転勤をお願いしたいと思っているんだけど。

A：え、困ります。

上司：うちの会社は、だいたい君くらいの年で転勤するのが慣例なんだよ。

A：と言われましても……。

上司：赴任先の人にはよく言ってあるから。引き継ぎだけしっかりしてってくれる？

A：はい、わかりました……。（嫌とも言えないし……）

こう変わった！

上司：4月から転勤をお願いしたいと思っているんだけど。

A：なるほど。私はいいのですが、**ちょっと家族が……**。

上司：家族がどうしたの？　君、今一人暮らしでしょ？

「困ります」だけだとただの自分の感情。説得できそうな理由を探そう。

理由を外的な要因にして「自分ではどうにもならない」ことを訴える。

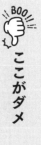

A：いえ、今、近所にいる弟がね。不安定なところがあって大変なんです。

上司：そうなの？

A：ちょっとクレーマーっぽいところがあって、自分が転勤すると、毎日会社に電話してくるかも……。それに警察沙汰になるかもしれなくて……。**課長、対応してくれますか？**

上司：どうにかならないの？

A：いやあ、どうにかしてほしいですよ。

絶対無理なことを話したうえで、課長に判断のボールを投げてしまう。

悪気がない相手も断りにくいんですよね。知り合いの話ですが、子どもをベビーカーに乗せて散歩していたら、年配のご婦人が近づいてきて、「あら、かわいい赤ちゃんね！　抱かせて」と手を出されて困ったことがあったそうです。悪気がないのはわかるけど、インフルエンザみたいな感染症が流行っている時は、気になるじゃないですか。

悪気がない人を断る

そういう時は、間髪入れずに「うちの子、人見知りなんです」と強く言えばいいですね。よっぽど変な人でもない限り「人見知りなんで」という子どもを抱こうとは思わないはずです。なので、そのように言えば、急に抱かれる心配もないし、カドも立ちません。嘘も方便、というやつです。

〈人間関係にカドを立てずに断る方法②〉

その場にいない第三者にパスを投げる

先ほどのやり方に少し似ていますが、その場にいない第三者にパスを出す方法があります。これは、セールス的な誘いを受け、その場で決断を迫られるような時に使えます。

要は、本当は自分に権限があったとしても、相手には**「上司に聞かないと判断できません」「家族が不在でわかりません」**と言い続けて、まるで自分では決められないかのように振る舞うんですね。仕事上のことなら上司、部長、取締役、株主など、家に来たセールスだったら親とか夫とか妻など、おうかがいを立てなければならない人がいることにして、ひとまずその場での決断を避けます。

たとえ営業であっても、断ると「相手が気分を悪くするんじゃないか」と気になる人もいるかもしれませんが、「決定権が自分にはない」と言えば、不可抗力みたいなものですから、相手も気分を害したりはしにくいはずです。

〈人間関係にカドを立てずに断る方法③〉

キャラクターを作る

最も簡単なのは「あいつは断るのが当たり前」というキャラ作りをすることです。「いくら押しても、こいつは無理だな」と相手に思わせるキャラを、先にきちんと作っておく。

たとえば上司から「転勤をお願いしたい」と言われても、**「いや、無理っす、無理っす。全然、無理っす、無理っす」**しか言わずに、逃げてしまうような感じですね。

「無理っす」しか言わないキャラだと、相手はどうやって説得すればいいか、よくわかりません。

「考えてみます」だと、相手は「押せばなんとかなるな」と思ってしまうので、「押してもなんともならない」ようなキャラ作りを前もってしておくのがいいでしょう。

ただ、これを入社5～6年目からいきなり実践するのは難しいでしょうから、出会ってまもない頃に使えるやり方ですね。

〈人間関係にカドを立てずに断る方法④〉

理由を言わずに断る

理由を言って断ろうとすると、その理由をうまく返されてしまった時に、断れなくなります。

理由を明確にしないで断るほうが、実は相手は説得しづらいんですよね。たとえば**「無理です」「参加できません。ごめんなさい」**とだけ言って終わりにしてしまう。

会社の飲み会なんかは、これが一番断りやすいと思います。

へたに「今日残業があるんで」などと言うと、「だったら残業が終わってから来てよ」と返されたりして、さらに断りづらい状況を作ってしまうからです。

ここがダメ

B：ねえ、今日飲みに行こうよ。
A：あ、今日はこの仕事を片付けなくてはいけないので……。
B：課長が言ってたやつでしょ。まだ納期は先って言ってたじゃない。大丈夫、行こうよ。
A：いえ、私仕事が遅いので……。
B：そんなことないよ。自分も仕事たまってるけど、一緒に頑張ろうよ。
A：あ、それに明日のごはんの買い物も行かなくちゃいけないし。
B：大丈夫、この近くに、24時間営業しているスーパーもあるから、教えてあげるよ！
A：(行きたくないの、察してほしいんだけど……)

理由を言うと相手から代案を出されたりして断りづらくなる。

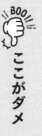

こう変わった！

B：ねえ、今日飲みに行こうよ。

A：ごめんなさい。**今日は行けません。**

B：あ、忙しいの？

A：すみません。ちょっと、**今日は無理なんです。**

B：あ、そう。

理由は言わずに断る。

何か聞かれても理由は言わない。

断れない

飲みに行こうよ
私、仕事があって
行きたくない…
まだ大丈夫だよ
私仕事遅くて
一緒に頑張ろうよ
それに買い物が
24時間やってるスーパーがあるよ
ポン
察して〜

断る理由は言わない

飲みに行こうよ
ごめんなさい。今日はムリです
行きたくない…
忙しいの?
グイ
すみません。ムリなんです
カタカタ
そうなんだ
ふーん…
ごめんなさい
断れた!

「付き合いの悪い奴」と思われるのは悪いことではない

でも、理由も告げずに断るのは気が引けますね。

だったら、急用を入れちゃえばいいのでは？　「最近、親の体調が悪くて、今日は病院につきそわなければいけないんです」とか、適当な理由をつければいいんです。

そもそも飲み会って、**なんとなく来てほしいだけで、参加必須の人など、ほぼいない**んですよね。なので、それっぽい理由が1つあれば、「しょうがねえな」ってなるだけです。会社内の飲み会に行かないことでクビになります、みたいな話はないので。

それに、社内で普通にコミュニケーションがとれてさえいれば、飲みの付き合いが悪いと思われても、なんの問題もないと思います。「本当は飲み会に行きたいから、付き合いが悪い奴と思われたくない」という人ならまだしも、「付き合いが悪い人」と思われることについて、心配する必要はないんじゃないでしょうか。

「多数決」も戦略の1つだ

最後に「断る」ということではないですが、グループで決めなければいけないことを、誰か1人が強引に決めてしまいそうな場合の対応を考えてみたいと思います。

話し合いの際、誰かが一方的に自分の意見を通そうとしている時などには、**「多数決」**でみんなの意見を聞くことで議論の流れを変えていくことができます。

まずは共感を集めることから始めよう

「多数決」という戦略を使うためには、まずはそれなりの人数を集める必要があります。

多数決で決定する体制として代表的なのは議会制民主主義（デモクラシー）です。独裁国家が民主化して多数決による議会制民主主義を採り入れていくのは大変ですが、僕たちが

「多数決」を採り入れるのは、いたって簡単です。

まず、人数を集めるには、周囲に声をかけて意見を聞いてみることから始めます。「はじめに」で、誰か1人が自分の意見を強引に進めようとしている時は、隣にいる人に声をかけて共感を得ていく、という話をしました。今回もその方法が使えます。

たとえば7人で話し合いをしている時に共感してくれる人が3〜4人になったら、もう多数派といえます。**「ここは、みんなの意見を聞いて、多数決にしてみてはどうでしょうか」**などと言って、多数決に持ち込みましょう。

多数決に持っていくテクニック

なお、会社などの組織で多数決を実現するためには、**「多数決にするほうが自分にとって都合がいい」と、その場の権力者に思わせることが重要です。**上司が「俺が決めるんだ」と言い張る限り、多数決にはなりません。

「上司がワンマンなので、提案しても認めるはずがない」と思う人もいるかもしれません。

でも上司の視点で考えれば、よほどうまくいっていたり自分の肝入りのプロジェクトでもない限り、自分の決定に揺るぎない自信を持っている人は、そんなに多くはないのではないかと思います。

したがって提案すれば、意外と「じゃあ、みんなの意見を聞いて、多数決にしてみようか」と言う可能性は大いにあるんじゃないでしょうか。

たとえば **「若い人たちの意見をたまには入れたほうがいいんじゃないですか」とか、「新人だからと何も決定権がない今までのやり方だと、責任感も生まれないので、今回は1人1票の多数決で決めませんか」** などと、会社や社会に関する意義も混ぜながら提案してみると、「先進的でいいね」と周囲の評価が上がるかもしれません。

すると職場によい空気が生まれますし、上司にとっても、了承することで自分の株が上がる、というメリットが出てくるのです。

小さな「わがまま」の上手な伝え方

実は、断れないだけでなくて、自分の希望を言えないこともあるんです。友達と旅行に行く時も、相手を優先してしまって、自分がやりたいことを言い出せなくて。

それは早めに「これだけはやりたい」と言ってしまったほうがいいですね。後になると、どんどん言いづらくなりますから。

希望は早い段階で言う

自分の希望を話すのが苦手な人は、いつも相手の希望に合わせて動きがちです。

何人かで行動する時も、上手に主張できず、自分の希望が考慮されないままになってしまったりします。

旅行でどうしても行きたい場所があるのなら、**「ここだけは絶対行きたい。あとは任せる」**と早めに言っておくとよいでしょう。これだと、わりとすんなり受け入れられると思います。

たとえば、京都に行くのであれば、「金閣寺だけは見たい。あとはもう任せるよ」などと言っておくと「じゃあ金閣寺は入れようか」という話になって、ほかの候補地を選ぶ際にも「金閣寺に1日目か2日目に行くんだったら、どんなルートがいいかな」と、金閣寺に行くことを前提にプランを立てることになるのです。

大切なのは、**ごく早い段階に希望を言う**ことです。ある程度話が進んでから「金閣寺だけは見たい」と言っても「もう金閣寺は入れられない」となってしまうかもしれません。

「わがまま」は実は好かれやすい

だいたい、多くの人は、ある程度時間が経たないと、なかなか自分の希望を言ってきません。早々に希望を言うと、わがままに思われるのが嫌だからかもしれませんね。

でも、僕は、わがままな人のほうが実は好かれているんじゃないかなとも思うんです。

漫画の主人公を考えると、『ワンピース』のルフィとか『ドラゴンボール』の悟空とかって、めちゃくちゃわがままです。でも、みんな好きじゃないですか。

一方で、なんの主張もしない出木杉君（『ドラえもん』）を好きな人って、あんまりいないですよね。

中高生の時のクラスメイトを思い出しても、クラスの人気者はたいていリーダーシップをとるタイプです。**「寡黙でいつも言われたことに従うタイプが一番人気」という話は聞いたことがありません。**むしろ、いてもいなくてもいい人でしかない、という気がします。

話を元に戻すと、ずっとわがままを通す人は嫌われるかもしれませんが、「ここだけはこだわりがある」という人については「この人はそういう人なんだ」と受け入れられるだけで、周囲もべつに不快感はないんじゃないかなという気がします。これは今のところの僕の仮説ですが、「金閣寺だけは見たい」なんかが、まさにそれです。

実際のところは、むしろ「金閣寺に行きたい」と言ったほうがルートは決めやすくなります。「どこでもいい」と言われると、どこから手をつけたらいいのかわからず、なかなか決まりませんが、金閣寺に行くと決まれば、「何時の新幹線で行って、こういうルートで」と、物事を決めやすくなったりするんです。

外食も同じで、みんなが「どこでもいい」と言うと、その場で立ち尽くすことになりかねませんが、「ここのカレー屋、めちゃくちゃおいしいらしいんだよね」と言う人がいたら、ラクに決められるし、うまいカレー屋の情報がもらえるので、みんなにとっても得になるのではないでしょうか。

できるリーダーはわがままを必要としている

そもそも、旅行の予定を組みたがるような人や鍋奉行をやりたがるような人には、〝わがままな人〟が必要なんです。

こういう人は、ジグソーパズルを解くのが得意なタイプが多い気がします。パズルというのは、ある1つのピースを当てはめると、どんどん芋づる式に当てはめていけますよね。これは「今の課題には、こういう要素がある。それをうまく調整すれば、結果すべてがよくなっていく」みたいな発想だと思うんです。

なので、**そういうタイプの人には、周りのわがままって、むしろ必要なんです。**いろんなわがままを言ってもらって、そのわがままを全部満足させるプランを作ることができた自分に酔う、みたいなところがありますから。

いい組織のリーダーは、こういうタイプの人たちでしょう。そういう人には部下がわがままを適度に言って、調整力を発揮してもらうに限る気がします。

逆にそういうリーダーが困るのは、「なんでもいい」と言う人ばかりの時です。リーダーのほうで全部考えなくてはならないですからね。

そんなわけで「金閣寺だけを見たい」と早い段階で言っておくことは、決して嫌われるわがままではないんです。

ただし、スケジュール的に無理とわかってもゴネ続けるような人は周囲との衝突を招くでしょうから、**最初に提案しておいて無理そうなら折れる**ぐらいがいいのではないでしょうか。

自分の意見は「おすすめ情報」に混ぜてしまおう

それでも言いづらければ、わがままな発言をわがままに見せない工夫もあります。

要は、自分が行きたい場所があるとして、それを自分の希望としてストレートに出さずに、みんなへの情報提供という形にしてしまうことです。

最近ロサンゼルスに行ったのですが、そこに「ザ・ラスト・ブックストア」という名前の本屋があります。「地球上で、もし最後の本屋になるんだったらここだよね」と思える本屋で、面白いから行きたかったんです。

その時、自分が行きたいと言うのでなく、**「あなた、こういうの好きでしょ？」**という提案の形にしたりします。あるいは、辛いものを食べたかったとしたら「〇〇さん、辛いの好きでしょ。最近こういう辛い店あるらしいよ」と言ってみたり。

言われた側は「私のこと考えて探してくれたんだ」と考えますから、わがままだとは思われません。

ここがダメ

A：お昼どこに行こうか。（誰か決めてくれないかな）

B：どこでもいい。（特に考えてなかったしどこでもいいや）

C：みんなに合わせるよ。（自分が言うのも申し訳ないな）

（なかなか決まらない）

こう変わった！

A：お昼どこに行こうか。（誰か決めてくれないかな）

B：どこでもいい。（特に考えてなかったしどこでもいいや）

C：俺、行きたいカレー屋あるんだけど。

本当は言ったほうがいいけど、強引な人に思われないか気になることもある。

こう変わった！

A：お昼どこに行こうか。（誰か決めてくれないかな）

B：どこでもいい。（特に考えてなかったしどこでもいいや）

C：**新しいカレー屋ができたんだけど、Aさん、辛いもの好きだよね。**

AB：じゃあ、そこ行こうか。

情報提供の体で提案すると言いやすい。

小さなわがままの伝え方

第4章

「聞く」ことが最大の戦略である

——相手を動かすために一番大切なこと

ここまで見てきて、勝ち負けを考えないほうが、物事がスムーズに進むんだなと思いました。

私も、人前でうまく話したり会議で説得力を持って発言できないとダメだと思っていたのですが、自分にもできることがありそうです。

本当は、「話す」よりも「聞く」ほうが大事なんですけどね。

え、それどういうことですか？　聞きたいです！

ひろゆきさん、
相手を動かすために
一番大事なことって何ですか？

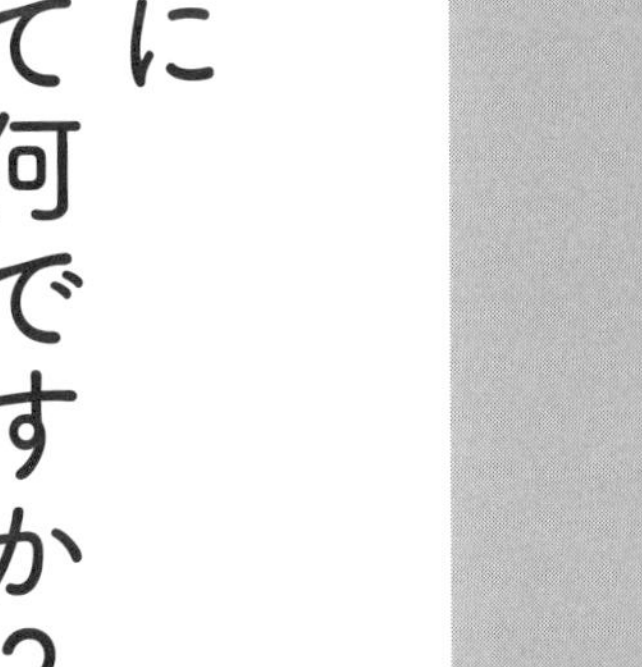

実は
「聞く」ことなんです

はい。一番大事なのは、相手の話を「聞く」ことなんですよね。意外かもしれませんが、僕も「聞く」ことを大事にしているんです。

根本的に、人は話したい動物です。だから、話を聞いてくれる人がいるだけで幸せになる。逆に、ずっと一方的に話し続ける人と一緒にいて楽しいという人は、あまりいません。この本を手に取る方にとっては意外かもしれないのですが、**ずっと話していたい人が、この世にはあふれているんです。**

このことは、ちゃんとデータにも表れています。ハーバード大学で実施された実験結果によると、約300人の脳をfMRIスキャンして、自分の話をする時に脳のどの部位が刺激されるかを調べてみたところ、おいしい食べ物、お金、セックスで刺激されるのとまったく同じ快楽中枢であることがわかったのだそうです。※

なので、それを逆に利用すればいいんですね。繰り返しますが、人は話したい動物です。したがって、話を聞いてあげるだけで、好感度は上がり続ける。聞く側に回るだけで、ポイントが上がり続けるんです。

仕事も人間関係も、話を聞かないと始まらない！

仕事でもなんでも「相手のための提案」ができないと、物事はうまくいきません。

相手に何かを買ってもらうにしても、誰かを食事に誘うにしても、相手のことがわからなければ提案のしようがありません。

そこで相手のことを知るために「質問」が大事になってくるのです。

特に、仕事では「聞く」ことが大事だと思います。

僕の場合、まず現在の状況を話してもらいます。たとえば、こんな話を聞いていきます。

・どんな企画やプロジェクトを進めようとしているのか
・その狙いは何で、利益はどれくらい上げたいのか

※ＧＩＺＭＯＤＯ「人間は自分の話をすると快楽中枢が刺激される：ハーバード大」（２０１２年５月11日）【https://www.gizmodo.jp/2012/05/post_10338_talk.html】

・どういうところで困っているのか
・どこで問題が発生しているのか

この時は、どこかの点を掘り下げるというのではなく、わりとざっくばらんに話してもらうことが多いです。自由に話してもらうと、相手も勝手にいろいろと話してくれますから。

話を聞いているうちに、自分が知恵を出せるものだとか、自分の知り合いだったらその問題が解決できるかもしれない、という内容が出てくることがあります。

そうしたら、「うちの知り合いが同じようなシステムを作っています。それを流用できたら、安く済むかもしれないですね」などと相手にとってメリットのある話をしていきます（第2章で挙げた「相手のための提案に徹する」やり方そのものです）。

このやり方のいいところは、勝率が高いことです。

相手に会う前に「きっとこれがほしいのだろう」という提案を1個用意しておいても、相手の要望がピンポイントにそれに当たることは、なかなかないものです。

でも、ほしいものを10個言ってもらったら、そのうちの1個ぐらいは自分のところで対応できるかもしれません。こうして相手と話しながら、引き受けられる案件を探していくわけです。

なお、初めて会う場合は、相手が決定権者なのかどうかも聞いておくとよいと思います。決定権者の場合と、そうでない場合でアプローチが変わってくるからです。

相手が決定権者でない場合は、どんなによい提案をしたとしても、その場で結論を出すことはできません。相手は、僕の説明を聞いたうえで、自分の上司にそれを説明することになります。だったら、その場では結論を求めずに、その人が上司に提案できるような資料やデータ、材料を揃えられるように話を進めたほうが双方のためにいいでしょう。

こういうことがわからないまま進めると、二度手間になることがありますので、相手にまずしゃべらせて、相手の立場や、その人が何を知りたいのかということを先に聞いておいたほうがよいのです。

なぜ、営業のマニュアル本をマネても
うまくいかないのか

商談や交渉などでは、相手がどういうタイプで、どういう説明をしたら、提案を受け入れてくれるかを知る必要があります。その見極めも、話をすることで見えてきます。

弁護士など、とことんロジックを重ねて納得のいく説明を求めるタイプの人もいますが、みんながみんな、そうではありません。体育会系の人の中には、正しいかどうかよりも「こいつは信用できる」といったことを重視する人も結構いるように思います。

そうした相手には、理詰めでいくよりも、先に信頼されるポジションをとることが大切だったりします。たとえば、自社の商品を売り込もうとする時に「弊社の商品はこういう企業に向いているので、御社は買わないほうがいいです」というように自分のメリットを度外視して相手のためになる話をすると信用してくれたりもします。

マナーにしても、礼儀正しくしたほうがいい人と、あえて礼儀をわきまえずに、若さや勢いアピールで動くほうがいい人がいます。

経団連に入っているような大企業で、下からコツコツ積み上げてきたような人の場合は、きちんと礼儀作法を守ったほうがいいでしょう。逆に、「何？　今日はどうしたの？」みたいに、いきなりタメ口からスタートする人は、わりとざっくばらんに要件を切り出していったほうがうまくいくように思います。

どんな話し方でどういうことを話せば、聞いてくれるのか。それは、相手によって異なります。営業のマニュアル本に書いてあることをそのままやってもうまくいかないことがあるのは、相手ありきの話だからなんです。

相手を見極めるためにも話を聞くことから始めないと、まったくもって無駄な努力をえんえんとしなければならなくなります。

雑談は「つまらない」ほうが続きやすい

相手に会って最初から仕事の話に入ってもいいんですけど、相手が話しやすい空気を作るために、軽く雑談しておくのもよいと思います。

雑談って苦手。何を話していいかわからないし、そもそもネタなんてないですし……。

雑談のコツは、面白い話をしないこと。むしろ、**すごくつまらない話をするほうがいいと思いますよ。**

なぜかというと、自分が面白い話をすると、相手は「自分もそれぐらい面白い話をしなければいけない」というふうに思ってしまうからです。すべらない話を芸人がしていくバラエティ番組がありますが、あれくらい面白い話を一般の人がしようと思っても大変ですし、無駄にハードルが上がってしまいます。

だからこそ、ものすごくつまらない話をするんです。相手が「あ、こんなつまらない話をしていいの？　自分のほうがこれよりもましな、面白い話を持っているぞ」と思ってくれたほうが相手も話しやすいですよ。

「沈黙」を破るのは、「つまらない話」

沈黙して気まずい空気が流れることを嫌がる人は多いです。

以前なら、そういう時にタバコというとっておきの道具がありました、タバコを吸っていたら1～2分間黙っていても、どうってことなかったんです。最近はタバコも吸いづらくなってきましたから、沈黙で気まずくなりそうになったら話をするしかないんです。でも、こういう時の会話って、そんなに素晴らしいものである必要はないんです。むしろ、本当にどうでもいい話を振ってみるくらいでいいのだと思います。

どうでもいい話をひたすら振ると、相手もどうでもいい話をしていいんだなと思って

くれます。すると、相手も気がラクになって話しやすい雰囲気を作れるのです。

僕はこれを高校時代の友達から学びました。その友達は「指のささくれが痛い」という話をするんです。すごいどうでもいい話じゃないですか？　しかも、その友人は、それを途切れ途切れにためて言うんです。「薬指の……ささくれがさ……痛いんだよね」みたいに、すごく時間をかけてもったいぶって話す。「そんなのに比べたら、もっと面白い話があるよ」と僕は思ったんで、ついつい僕のほうから話をしてしまったんです。

で、驚いたのは、彼には友達がたくさんいたんです。話がすごくつまらないんですけど、友人はやたら多いんですね。社会に出て、実際、知り合いが多いのは、こういう人なんだなということに気づきました。

面白さで勝ってもメリットはない

お医者さんとかがよく「寒い日が続きますねえ」などと、病気と関係のない話から会話を始めるのも、同じことだと思います。そこまで緊急な症状でない場合に限りますが、お医者さんのように頭のよさそうな人が「どうしたの？」と切り出してきたら、身構えてしまう人も多いはずです。天気の話なんかは、どうってことない話題ですから、その後は、患者さんも口を開きやすくなりますよね。

べつに面白い話をしなくていいというところからスタートするのが肝心です。**この最初の一歩を間違えると、悲惨な結果になります。**雑談力の本とか会話のきっかけ本みたいなのを読んだ結果、面白い話をしている人に僕は会ったことがありません。

これは、「はじめに」で触れた「勝ち負けにこだわらない」に近いです。雑談で面白さの部分で勝ちにいっても、実はあまりメリットがないということを知っておいたほうがよいと思います。芸人さんと僕らでは、違うんです。

面白い人は信用されにくい

でも「面白い」と思われたい人が多いと思うんです。あれはなぜなんですかね？

グループの中でリーダーシップをとるには、面白いことが超重要なんです。10人のグループで何かの話をしようとなると、その場のリーダーシップは面白い人が持っ

ていくことが多いでしょう。

ただ、面白いから得をするのかというと、また別の話です。

リーダーシップをとりたいのであれば、面白さを求めるのはアリですが、普通に仲良くなりたいとか、情報を聞き出したいとかであれば、べつに面白い必要はありません。

それに、面白い人は、あまり信用されないというデメリットもある。無口で口下手な人のほうが、人は信用しがちです。

面白くて友達が多い人は、「口が軽くて秘密をばらしそう」といったイメージを持たれているのかもしれませんし、「自分以外にもいろんな知り合いがいるだろうから、自分とはそんなに深くかかわってくれないだろうな」と思われるからかもしれません。会話をしている最中も「こんなに面白くて人気があって忙しそうな人に、こんなつまらない話をしたら悪いかも」と相手が気兼ねしてしまうこともあるかもしれませんよね。

だから、特に面白くしようと頑張る必要はないんです。

最強の話し方は「質問」である

僕はよく相手の話にツッコミを入れたり反論したりするんですが、そうした「ツッコミ」や「反論」は、「話を聞く」ことと一緒だと思うんです。要は、相手の話を聞いて情報を増やす、ということをやっているだけなのです。

僕が「ツッコミ」や「反論」と言うと、「論破」のイメージが湧いてくるかもしれません。でも、たとえば僕と誰かが議論している動画を見た人は、そのやりとりによって、より理解が深まったり知識が増えたりするのを感じることがあるのではないでしょうか。それは僕にとっても同じことで、「それはこういうことですか?」「こういうことではないんですか?」と質問をすることで、相手の考えを明確にしているんです。

つまり、**「ツッコミ」や「反論」も、実は「質問」の延長線上にあるんです。**

なぜ「確認の質問」を挟むのか

僕がしている「質問」には、どちらかというと「話の確認」という意味合いの強いものがあります。たとえば、**「それって、こういうことですよね？」**と話の大筋が僕の理解で合っているかを確認したり、専門的すぎる話を聞いている時など**「だいたい、こういうことですか？」**という質問を挟んだり、あるいは抽象的な内容を現実に当てはめて理解したい時など**「こういう時は、じゃあ、こうしますよね？」**という質問をちょくちょく挟んだりします。

こうすることのメリットは、相手の言ったことをより正確に把握するだけではなく、「ちゃんと理解していますよ」というメッセージにもなります。話をする人にとっては、長く話しているのにまるで反応がないと「伝わっていないかもしれない」と不安になりがちです。そうなると「もっと伝えなければ」と思って、余計に話が長くなるという悪循環に陥ります。

でも、確認の言葉を挟むことで、相手も「こいつには、いちいち説明しなくてもわかってもらえる」と安心してくれるので話のテンポがよくなりますし、勝手に信頼感を持ってもらえるというメリットがあるんです。

「質問」で本当の問題に気づく

「ツッコミ」や「反論」が欠かせないのは、相手のそれまでの話にはなかった**新たな事実を知ることができる**点です。

たとえば、「仕事がすごく忙しいから、みんなに手伝ってもらいたいんだ」とこぼす上司がいたら、「何で人を増やせないんですか？」と質問を投げてみます。続けて、

「その仕事は正社員でしかできないんですか？」

「派遣社員でも任せられる仕事ではないんですか？」

「機械やプログラムで自動的にできる仕事ではないのですか？」

「外注の人を増やせばいいのではないですか？」

などと聞いていくと「予算がないんだ」という新しい事実を知るかもしれません。そこでまた「スポンサーを見つけて、そのスポンサーが雇うという形にできればいいので

質問で情報の精度を上げる

何でこうなっているんですか？
この部分が説明できていなかったんだけど……
←新たな情報
こんなやり方で解決できませんか？
お金がなくて……
←新たな情報
どのくらいの費用であれば、出せそうですか？
○○円くらいかな
←新たな情報

は？」とか「一部の仕事だけでも外注すれば、少しは楽になるのではないですか？」「この仕事ならChatGPTでいいんじゃないですか？」みたいな話もできます。

また、**根本的な問題に気づける**というのも「質問」のよいところです。

たとえば、「何で人を増やせないんですか？」という質問を誰もしなかったとしたら、「上司が忙しいことが問題だ」というところで考えが止まってしまう可能性があります。そして上司が我慢して働き続け、どうしても大変な時は、誰かが自己犠牲の精神で手伝う、という状況が繰り返されることになります。

でも、「何で人を増やせないんですか？」と質問して、「予算がないから」という答えがわかれば、根本的な問題として「必要なところに予算が配分されていない」ことが見えてきたりします。であれば、全体の予算配分を見直すなど、新たな解決策が見つかるかもしれません。

こんなふうに「何でこうなっているんですか？」という質問で、本来の問題が見えてきたり、「実はその問題点のこの部分が説明できていなかったんだけど……」と、当初聞くことができなかった重要な話を聞けたりします。そして質問をしていくことで解決策を思いついたら、次は「たとえばこんなやり方で解決できませんか？」などと聞いていくと、「お金がない」とか「その外注先は昔、やらかしたことがあるから使いたくない」とか、また新たな話を聞くことができます。

質問をすることで情報の精度をどんどん上げていくことで、より的確に問題にアプローチすることができるようになるのです。

ツッコんで事実が判明するというと、企業や役所の隠ぺい工作のように、相手が隠していることを追及するようなイメージがつきまといがちです。しかし実際は、相手も隠すどころか、気づいてもいなかったということもあります。質問することで相手が自分で問題を整理するのに役立つこともしばしばあるので、気づいたことがあれば、質問はしていったほうがよいと思います。

〈質問をしながら本当の問題点を探っていく〉

課長：来年スタート予定のプロジェクトの会議が毎日のようにあって、そのほかの仕事に手が回らない状況なんだ。そこで、みんなにも手伝ってもらいたいんだけど。

自分：手伝うのはやぶさかではないのですが、いつもお忙しそうですよね。**人を増やしたりできないんですか？**

課長：なかなかね、すぐには難しいんだよね。

自分：たとえば、派遣社員とか、アルバイトとか？

課長：まだそんなに利益が出ているプロジェクトではないから、なかなか予算がもらえないんだよ。

自分：何で利益が出ていないと予算がつかないんですか？ 新しい技術を使った、今後期待される事業ですよね。**ちなみに今一番予算がついてるプロジェクトは何でしたっけ？**

課長：今みんながかかわっているものだけど。

自分：利益は出ているけれど、**少しずつ売上が逓減していませんか？**

課長：確かに。今後を考えれば、予算の配分を変えてもいいのかもしれないね。みんなにもいつも手伝ってもらって申し訳ないし。

自分：（本当の問題は、予算配分だったんだ。これで急に仕事が降ってくることが減りそうでよかった）

質問するかしないかは「生き方の問題」

質問ができない人は、「自分が変な質問をしているんじゃないか」とか、「質問することで自分がわかっていないことをみんなに知られるんじゃないか」というような心配があるんだろうなと思います。

たとえば、会社の会議で話された内容が自分にとっては初めて聞いた話で、内容もほとんどちんぷんかんぷんだったとします。

新人の場合は、話の中に出てきた単語をメモして後で調べたり先輩に聞いたりして理解すればよいでしょう。でも、ある程度の社歴があったり、ましてや決定権を持つ立場だったりするならば、会議中にわかったふりはしないほうがいいと思います。

普通にそこで働いている自分がわからないのであれば、それはほかの人にとってもわからない可能性がありますからね。

だから**「確認しますけど、こういうことでいいんですよね」**と、疑問点があったら確認する癖をつけたほうがいいと思います。質問や確認をすることでほかの人の理解も深めることができ、議論の質が上がります。

それに**疑問点を放置し続けると、だんだんとわからないことが溜まり続けて、わけのわからないまま従うしかない状況になってしまう**ので、仕事というよりも生き方として、疑問点をスルーしたりしないほうがいいんじゃないかと思います。

また、相手に対して「こんなこと聞いていいだろうか？」と躊躇《ちゅうちょ》する人もいるようです。でも、ほとんどの場合、質問されるのは嫌ではないと思うんです。たいていの人は話したがりで教えたがりですから。だから、プライベートでも取引先でも、どんどん聞いていくと、自分とか自分の会社に興味があるんだというふうに思ってもらえます。そうなると、相手の中で、勝手に親近感が湧いてくるんですね。なので、質問することって、大切なんです。

もちろん、相手の神経を逆撫でするような質問は逆効果だし、性的嗜好とか宗教とか政治信条みたいなのは、原則NGです（聞いたほうがうまくいくパターンもゼロではないと思いますが、深い人間関係を築く前に「こいつとは話ができねえ」と思われたりする場合があるので、基本的には避けたほうが無難です）。相手への理解を深めるために、差し支えない範囲で質問するのはいいことだと思います。

周りの誰かより、話をしている人にこそ好かれよう

講義や講演、何かの説明会のような場で、最初に質問をする人は好かれます。

ただ、大勢の前で質問をするのは、「出しゃばっている」とか「時間をとりやがって」と周りに思われるのではないかと、遠慮する人もいるでしょう。

でも、周りの人たちにどう思われるかではなく、**話をしている人にどう思われるかこそが大事**ですよね。前で話している人からすれば、後から何か聞いてくるよりも、「その場で聞いてくれよ」が本音です。

それにその場で質問したほうが自分のことを覚えてもらえます。大学でも、教授に「よく質問してくるな、こいつ」と顔を覚えられると、いろいろ融通してくれる場合もあったりします。その他大勢の聴衆20人より、しゃべっているオンリーワンの人に好かれるほう

が人生、得です。

また、話す側の人には、「聞いている人がどれくらいわかっていないか」ということは、わからないんです。話す人も、相手が偏差値70の東大生であった場合と、公立の中学生の場合とでは、話のレベルやアプローチを変えなくてはなりません。でも最初の段階で「ここがわからないです」と質問されると、聴衆の知識レベルを認識でき、レベルが合っていないようであれば、話の内容を軌道修正できるのです。

さらに、偉い人、オンリーワンの地位を確立している人ほど、変な質問とか生意気な質問なんかが、好きな割合も高い気がします。自分の周囲にはイエスマンを求めるんですけど、外に行った場合は、新鮮な情報や刺激がほしい。なので、想定していないリアクションだったり、想定していない質問があったりしたほうが、楽しめる人が多いように思いますね。

なかでも、根本的な疑問だとかは、意外と答えるのが難しくて、知的好奇心が湧いたりします。たとえば、「生き物は、なぜタンパク質でできているんですか」という質問は根本的すぎて、答えるのが非常に難しいらしいんです。「タンパク質で生き物ができている」のは、みんな知っているんですけど、「なぜタンパク質でできているか」となると、簡単には答えられず、すごく細かい説明を専門家がしていたという話があります。こんなふうに素朴な質問なんだけど、逆にそれが芯を食っていて面白いというのもあったりします。

◆◆◆

最後に大事なことを話しておくと、「聞く」というのは、ただ漠然と相手の話を聞き流すのではないということです。**話を聞いているときに生まれた、ちょっとした違和感だとか素朴な疑問を見逃さず、それをストレートにぶつけてみる。**やってみると、実はそんなに難しいことではありません。

現に、幼い子供は「なぜ?」を連発して、母親を困らせたりします。なのに大人になると、どういうわけか違和感や疑問を平然と受け流す人が多くなっちゃうんですよね。でも、質問をした先には思わぬ発見が転がっているようにも思っています。

第5章

実践：負けない伝え方

さかんに勧めてくる友人に、やんわりと断りたい

——断るタイミングではっきり言う

最後に実際にありそうな実例を踏まえてアドバイスしていきたいと思います。

A：最近肩こりがひどくて……。

B：だったら、Cさんが開いたスタジオのヨガがいいよ。私も体質が改善してね……。

A：へえ、でも忙しくて時間がないんだ。

B：いくつかスタジオがあるみたいで、ほら、Aさんが住んでいるところの最寄り駅にもスタジオがあるよ。

A：毎週決まった時間に通うところでしょ？　突発的な仕事もあるから難しいんだよね。

B：それに、最近視力が落ちてきたって言ってたじゃない。そこでは視力改善の運動もやってるんだよ。絶対行くべきだよ。

A：疲れちゃって、あまり気が乗らなくて。
B：試しに行ってみなよ。いつもやりたいって言って動かないじゃん。私も行動して失敗することがあるけど、結局動いたほうが得るものは大きいんだよ。
A：……。（なに、それ？？）

「最優先の断る理由」を伝えよう

こういうお互いのコミュニケーションのズレは結構ありますよね。

結論から言えば、Aさんが「スケジュールの見込みがつかないから行けない」ということをはっきりと伝えていないので、「Bさんが押しつけがましく感じる」という展開になってしまったのだと思います。

Aさんにとっては、「毎週同じ時間に通うのが難しい」ということが、優先順位の高い理由のはずです。視力改善だろうがなんだろうが、突発的な仕事が多くて予定が組めないのですから。

だからその後にBさんが「視力改善」の話をしていた時が、はっきりと断るチャンスだったと思います。**「肩こりだろうが視力改善だろうが、突発的に仕事があるから日時が決まったスケジュールは無理なんだよね」という話をAさんがしたら、それで済んでいたんです。**

それなのに、視力の話をしたBさんに対して「疲れちゃって、あまり気が乗らなくて」と、肝心のスケジュールとは全然ズレた話をAさんがしているのも伝わらない原因です。

Bさんはたぶん、いい人ですね。いわゆる、お節介焼きです。「Aさんの悩みを解決してあげたい。だから、行ったほうがいい」と思っている。それなのに、AさんはBさんを、ウザイな、と思って終わってしまっています。すごく残念なコミュニケーションになっている気がします。

ここがダメ

B： いくつかスタジオがあるみたいで、ほら、Aさんが住んでいるところの最寄り駅にもスタジオがあるよ。

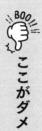

A：毎週決まった時間に通うところでしょ？　突発的な仕事もあるから難しいんだよね。

B：それに、最近視力が落ちてきたって言ってたじゃない。そこでは視力改善の運動もやってるんだよ。絶対行くべきだよ。

A：疲れちゃって、あまり気が乗らなくて。

B：試しに行ってみなよ。いつもやりたいって言って動かないじゃん。私も行動して失敗することがあるけど、結局動いたほうが得るものは大きいんだよ。

なぜ難しいのか、優先順位の高い理由をきちんと伝えよう。

話がズレている。「こういう条件じゃないと行けない」とはっきり言えばよかった。

「どんなところだとしても、定期的に通うのは無理」ということを、先に言っておけばよかったと思うんです。

そしてもし自分が情報をほしいと思っているのであれば、「空いている時間にふらっと行けるような場所しか行けないから、それで知っているところがあれば教えて」と、条件設定をきちんとして聞けば、Bさんみたいなお節介焼きの人は、適切な場所を紹介してくれたかもしれません。そういった展開になれば、Aさんのほうも、Bさんの好意を受け取ってお礼を言う気持ちのゆとりができたはずです。

こう変わった！

B：いくつかスタジオがあるみたいで、ほら、Aさんが住んでいるところの最寄り駅にもスタジオがあるよ。

A：毎週決まった時間に通うところでしょ？ **突発的な仕事もあるから難しいんだよね。気が向いた時に行けるようなところならいいんだけど、そうじゃなきゃ無理かな。**

B：じゃあ、今度その人の動画を送ってあげる。私も大分改善されたから役に立つと思うよ。

A：**教えてくれてありがとう。**

早めに「行けない」最大の理由と、条件を明確に伝える。

お礼を伝える余裕が生まれる。

Point!

優先順位の高い理由を早めに伝える

家族で旅行に行きたいのに、取り合ってくれない
――相手が「できる」条件を聞く

ママ：8月は、小学校が夏休みだし、家族で旅行に行こうよ！
パパ：ええ、面倒くさいよ、仕事で疲れちゃったし。
ママ：しばらく遠出していないから、子どもたちもどこかに行きたいんだって。
パパ：そんなに休みはとれないし。
ママ：お盆休みはどう？
パパ：お盆は混むし高いから動かないほうがいいんだよ。
ママ：だったら、その前の土日は？　1日くらい有休とれない？
パパ：うーん。
ママ：私もたまにはどこかに行きたいし……。
パパ：でも僕は疲れていて、どこにも行きたくないんだよ。

ママ：（家族で行きたいけど、これじゃ無理か……）

相手に具体的な日程を言わせよう

これは、**「いつなら行けるの？」という話をすればいいんじゃないですかね。**

また、このやりとりは、「疲れている」と言っている人に対して、もっと疲れてお金もかかる話をするというタイミングの段階で、まず間違えていると思うんです。

「面倒くさいよ、仕事で疲れちゃったし」なんて思っている時に未来の面倒な予定の話を提案されると、断られる確率が高いと思うんですよ。疲れきっている状態の今と同じ基準で、未来のことも考えてしまうので、家族旅行の話なんかしたら、ネガティブな反応が返ってきてもしょうがない。今おなかがいっぱいの人に「晩御飯、何食べようか？」と聞いても、「今、ご飯の話されても全然興味ないよ」ってなるじゃないですか。それと同じです。

それはさておき、「疲れているから旅行に行きたくない」というのがパパ側の理由なので、「じゃあ今は行きたくないとして、何年後だったら行けるの？」という話をすれば、さすがに「10年間行けません」とは言わないじゃないですか、普通。

そうすると「この夏は難しいけど、正月休みの時に帰省がてら九州の温泉にでも行くか」とか、パパ側から提案が来ると思うんですよね。年内か来年か、さすがに3年間、家族が希望しているのにどこも行かないって言う人だったらまずいよねというか、離婚を考えたほうがいいと思うんですけど、という話ですね（笑）。

また、この例では「だったら、その前の土日は？　1日くらい有休とれない？」と、ママがボールを投げていますが、それよりも、パパ側に「○月なら行ける」とか具体的な日程を言わせるように仕向けたほうがいい。そのほうが苦しい交渉をしなくて済みます。で、パパから具体的に12月の何日なら行けると言ってきたら、それはもう断りきれない予定設定になりますね。さらにお金も前もって振り込んでおくとドタキャンしづらくなります。

ここがダメ

ママ：だったら、その前の土日は？　1日くらい有休とれない？

パパ：うーん。

いつなら行けるのか、相手に言わせたほうが、苦しい交渉にならなくていい。

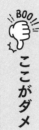

こう変わった！

ママ：お盆休みはどう？

パパ：お盆は混むし高いから動かないほうがいいんだよ。

ママ：**だったらいつだったら行けるか、教えて。**

パパ：そうだな……今は忙しいけど、冬休みならどうかな？　帰省も兼ねて九州の温泉にでも行こうか。

ママ：それはいいわね。子どもたちも喜ぶわ！

パパから、いつなら旅行に行けるか言ってもらうように仕向ける。

Point!

タイミングを見て話を切り出し、相手に「できる」条件を言わせる

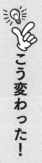

会議が自分の想定と違う方向に進む

——誰と誰にどんな同意ができているのかを知ろう

課長：今回のプロモーションのプランだけど、Aさんが提案していたVチューバーの人を起用するか、アニメーションを利用するか、どちらがいいかな？

A：はい。私が提案したVチューバーの案ですが、今回の商品は、初めのうちは新しいものが好きな人への認知を高めたほうがよいと思います。具体的には、ネットの視聴が多い若年層や、若い人の文化などに関心が高い30代以上の層に広めたいので、Vチューバーがいいと思っています。人気の方なので、プロモーションに出るというだけでも話題になると思います。

C：面白いですね。話題の人ですよね。

B：すみません、そのVチューバーの人、別の商品のプロモーションにも出てた気がします。

課長：だったら、Vチューバーではなくアニメーションを使ったものにしよう。アニメーションだったら、いつもの人にお願いしたらすぐできるし。

A：でも、そもそも従来のお客さん以外の方に手に取っていただきたいので……。

C：アニメーションの場合、従来とは表現の方法を変えるといいかもしれませんね。

B：ごめんなさい。さっきのは勘違いで、このVチューバーさんは今のところ別の商品のプロモーションには出ていないかもしれません。

課長：まあ、アニメーションの表現を変えればいいか。アニメーションでいこう。

BC：はい。

A：（え、プロモーションに出ていなかったのだから、Vチューバーのプランはありじゃないの？）

暗黙のルールに気づこう

まず、Aさんは最後の「プロモーションに出ていなかったのだから、Vチューバーのプランはありじゃないの？」という意見を、なぜ口にしなかったのかが、わからないんですよね。別の商品のプロモーションには出ていなかったんだから、Vチューバーのプランもありじゃないの、というのは、言うべきことです。なので、疑問に思ったことを言わなかったAさんの問題が大きいです。

ただ、周りの人の空気に押されて口を挟むタイミングを失ってしまった、とAさんは考えたのかもしれません。

会話例を見ると、課長とBさん、それとAさんの間にはズレが生じていますよね。

Aさんは、「別の商品のプロモーションに出ているかどうかと、自社でそのVチューバーを採用するか否かの判断は、そもそも関係ない」と思っています。

一方、「別の商品のプロモーションに出ているのだったら、自社のものに出すべきではない」というふうに、課長とBさんの間では、同意ができているわけです。

会議などの話し合いの場で理解のズレが生じるのは、人間のやっていることですから、当たり前です。

なので、**Aさんは、課長とBさんのやりとりから、「この組織（もしくは課長とBさんの間に）は、別のプロモーションに出ているか出ていないかで、採用するかどうかの判**

断が変わる」という暗黙のルールがある、ということに気づかなければいけません。

でも、それが結果を出すために正当な判断かどうかはわかりません。もしAさんが、その判断はしないほうがいいんじゃないかと思ったら、それを言わないといけない。「そもそも従来のお客さん以外の方に手に取っていただきたいので……」の部分は、ルールの話をすべきだったんです。

ここがダメ

B：すみません、そのVチューバーの人、別の商品のプロモーションにも出てた気がします。

課長：だったら、Vチューバーではなくアニメーションを使ったものにしよう。アニメーションだったら、いつもの人にお願いしたらすぐできるし。

A：でも、そもそも従来のお客さん以外の方に手に取っていただきたい

ここで「別のプロモーションに出ている人は使わない」という暗黙のルールがあることに気づこう。

ここは「なぜ別の商品のプロモーション

ので……。

B：ごめんなさい。さっきのは勘違いで、このVチューバーさんは今のところ別の商品のプロモーションには出ていないかもしれません。

に出ている人を採用してはいけないのか？」を確認すべき。ここでVチューバーのプランをもう一度話すべきだった。

こういうよくわからない独自ルールは、日本のどこの組織でもあります。会議などで自分の認識と違うと感じたら、そのつど確認をとったほうがいいでしょう。「この組織では、こういう基準で物事が決まるんだ」というのがわかると、今後齟齬《そご》が減ります。**でもそこで何も言わないのなら、そのルールに従うしかありません。**

これはＬＩＮＥなどのグループトークでも、同じですね。中心になる人が「これはこうしよう」などと提案した時に、引っかかりがあったけれど、みんな何も言わないからまあいいか、とそのままにしてしまうことがあるのではないかと思います。

でも後でみんなに聞いたら「いや、自分もちょっとどうかと思ったんだよね」と、実はみんな合意していなかったりすることもあります。変だと思うなら、言っておかなきゃダメってことですね。

そうした判断になる「理由」は何か

なお、違和感があったら「その考え方は違うんじゃないでしょうか」と下手に反発せずに、**「○さんはこう判断されているようですが、そうしたほうがよいと考えられる理由はどんなことですか？」**と質問をしましょう。

自分では「その考え方は違う」と思うこともありますが、その組織やリーダーの中では、論理的に正しい判断をしているはずです。

それにリーダーたちがどういう筋で考えて、そういう結論に至ったのかは、わかっておいたほうがいいですよね。もしかすると、過去の事例で、別のプロモーションに出ていた人を採用して失敗した例があるのかもしれません。そういった暗黙のルールができた理由を知っておくだけで、次回に活かせます。

この事例の課長やBさんにも、それなりの考えがあるはずで、それを聞いておかないと、納得できず不満ばかりが溜まっていきますから。

こう変わった！

B：すみません、そのVチューバーの人、別の商品のプロモーションにも出てた気がします。

課長：だったら、Vチューバーではなくアニメーションを使ったものにしよう。アニメーションだったら、いつもの人にお願いしたらすぐできるし。

A：あの、すみません。**別の商品のプロモーションに出ていたら、弊社では採用しないほうがいいんでしょうか？**

課長：うん。過去にトラブルがあったから、そういう決まりなんだ。

C：アニメーションの場合、従来とは表現の方法を変えるといいかもしれませんね。

ここでリーダーの認識や会社のルールを確認しておく。

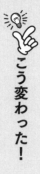

B：ごめんなさい。さっきのは勘違いで、このVチューバーさんは今のところ別の商品のプロモーションには出ていないかもしれません。

A：**だとしたらVチューバーのプランも検討できるのではないでしょうか。資料によると、最近○社の製品がVチューバーを起用して売上をおよそ1割伸ばしているようです。**

前提が崩れたので「Vチューバーもあり」ということを確認する。データに基づいて話を進めよう。

Point!

ズレを感じた時は、すぐ確認する

「お金を返して」と言うと、逆に文句をつけられる

——逆ギレする人に1対1で話しても無駄

自分：そういえば、この間貸したお金、そろそろ返してくれる？

友人：何その言い方！　そろそろ、ってどういうこと!?

自分：あ、ごめん。軽い気持ちで言ったんだけど……。

友人：オレ、そんないい加減な人に思われてるんだ!?

自分：ごめん、そんなつもりじゃなくて。

友人：友達だと思っていたのに……。もういい。

言い方では解決できない問題がある

これは言い方の問題ではありません。相手はお金を返したくないので、聞き方が悪いとか、おまえの態度が悪いとキレることで逃げきろうとしている。それに乗っかってしまったという話です。友人の戦略に敗北してしまっている。

なので、**「貸したお金、そろそろ返してくれる?」というやりとりを1対1でやらない**ことが肝心です。

たとえば、共通の友人・知人のいる場所で伝えます。するると、相手に逆ギレされた時に「お金を返さないで逆ギレするのはおかしい」と中立的な立場の人が言ってくれるかもしれません。

お金のことに限らず、逆ギレするタイプの人に1対1で話をするのは無駄なんです。自分の思い通りに話が進むことはあり得ませんから。

なお基本的に、友達にお金を貸したら返ってこないもんだと思っておいたほうがいい。これは人生の教訓として覚えたほうがいいと思います。

友達にお金を貸した場合は、友情とお金の両方を失う可能性があります。友達じゃなくなってもいいと思うぐらいじゃないと、お金を貸さないほうがいい。もしくはお金が返ってこなくていいと思うかですね。

こう変わった！

自分：（別の友人がいる前で）そういえば、この間貸したお金、そろそろ返してくれる？

友人：……来月末までには返すよ。（ここでケチをつけると、ほかの人の信用もなくしそう……）

第三者がいる場で話すことで、相手も逆ギレしにくくなる。別の友人も証人になる。

Point!

共通の友人・知人がいる場で話をしよう

反論してもずらされている気がする

――相手の考えに気づく

A：今回の新商品のPRは、SNSの動画を使いたいのですが……。

上司：SNSを使ったPRは今までやっていないし、やる必要はないんじゃないの？

A：でも今動画で売上が伸びている商品も多いんですよ。

上司：それでうまくいくと思う？　それにうちはSNS広告はやらない方針でしょ。

A：広告ではなく会社のアカウントを使ってやりたいんです。社内でも、想定するターゲットの売上が思ったように伸びていないから、SNSを利用した動画PRはやってもいいんじゃないかという意見がありました。

上司：誰が言ってたの？

A：営業部のCさんと、Dさんです。

上司：何で、そんな人たちの話を聞くの？

Ａ：この商品については最初から関心を持ってくれていましたし……。

上司：それは営業部の意見でしょ？　自分で考えないの？

Ａ：私も思ったより売上がよくないので、何か施策が打てたらと思っています。

上司：いや、僕はもっと自分で考えないとダメだって言ってるんだよ。

Ａ：（なんか話をずらされている気がするな……）

意見とデータをごっちゃにしない

「社内でも（中略）という意見がありました」という話は、僕だったら言わないですね。営業部のＣさんやＤさんが正しいとは限らないですから。

結果として上司が「君は何でＣさんやＤさんを正しいと思うの？」という話をし始めている。正しいと思う根拠やデータがあるのなら、最初からそのデータを出せばいいっていう話です。たとえば他社商品では、動画のＰＲを始めて売上が上がった例が多い、などですね。それなのに、Ｃさん、Ｄさんという個人名を出したのが、いけません。

そもそも、**上司が「それでうまくいくと思う？」と聞いてきた時点で、上司が動画で**

のPRに消極的なのがわかります。「うまくいくと思う？」という質問に対しては「わかりません」「以外の選択肢がないと思うんですよね。「売上を上げる」ということが会社としては正しいのですが、上司は、「従来の動画広告と自社メディアを使っての動画PRの違いを、そのまた上の上司に納得してもらうという手間をかけて実施したところで、売上が変わる可能性はそんなにない。だからやる必要はない」と思っているのかもしれません。この部下は、こうした上司の考えに気づいたうえで話を展開すべきなんです。

で、上司の考えを覆してでも「動画PRを行なうことで売上が上がるのだ」という確信があるのなら、データを出して、「こっちのほうがうまくいくんですよ」と説得すればいいんです。その根拠が手元になければ、上司の考えを変える必要はないんじゃないかなと、僕は思います。

何かを行なうにはコストがかかります。そのコスト以上の成果が本当に出せるという根拠が薄い以上、新しいことを始めることは、負担が増えるだけの結果になる可能性が高い。上司から見たら、「部下が個人的に思っているだけ」という話です。これでは互いの論点がズレても仕方ないでしょう。

ここがダメ

A：今回の新商品のPRは、SNSの動画を使いたいのですが……。

上司：SNSを使ったPRは今までやっていないし、やる必要はないんじゃないの？

A：でも今動画で売上が伸びている商品も多いんですよ。

上司：それで①うまくいくと思う？　②それにうちはSNS広告はやらない方針でしょ。

A：広告ではなく会社のアカウントを使って、自分たちで作った動画でやりたいんです。③社内でも、想定するターゲットの売上が思ったように伸びていないから、SNSを利用した動画PRはやってもいいんじゃないかと言っている人がいました。

上司：誰が言ってたの？

---

①「うまくいくと思う？」という言葉から、上司は「うまくいくと思っていない」ことに気づこう。
②また「方針」がなぜできたのかも確認しよう。
③誰がどう言ったかではなく、データを出そう。

「ルールだからやらない」という相手には？

もう1つ、この話の中でポイントになるのは、上司が「SNS広告はやらない方針」と言っていることです。

こんな場合は、208ページでも言いましたが、**「どうしてそういうルールができたんですか？」**と、聞いてみたほうがいいと思います。というのも、会社は利益を上げるのが目的ですから、売上が上がるのであれば、ルールをねじ曲げることもよくあるからです（コンプライアンス違反がなければ、ですが）。

だからそのルールができた理由を聞いてみて、自分として納得がいくものであれば考え直せばいいですし、会社や上司が懸念している部分に問題がないのであれば、それを伝えたらいいんです。

たとえば「SNS広告をしない」理由が、「過去に行なったが費用が高かったうえ、まったく効果がなかった」ということでしたら、「今回はそうした仕組みをとらないので問題ありません」とか「今回は低いコストでできます」などと言えるのではないでしょうか。

ただし、ルールができた経緯は、上司だって知らなかったりする時もあります。そういう時には、その上司のさらに上の人に聞くという手もあります。会社をよくしようと思って質問をするぶんには、上の人が相手でも怒られるようなことはないでしょう（ちなみに、上司と、その上司の上司との関係が悪いと、自分と上司の関係がこじれるかもしれないので、その点は注意したほうがいいかもしれません）。

「今やそのルールがないほうが、もっとうまくいく」という独自ルールが組織にはたくさんあるものなんです。質問をしたことで、仕事がしやすくなったり、成果を上げやすくなることもありますので、「ルールだから」で終わらせずに、理由を聞いてみるとよいと思います。

こう変わった！

A：今回の新商品のＰＲは、ＳＮＳの動画を使いたいのですが……。

上司：SNSを使ったPRは今までやっていないし、やる必要はないんじゃないの？

A：でも今動画で売上が伸びている商品も多いんです。**◎社の製品のデータですが、自作の動画PRがうまくいって、前年比3倍の売上になっています。**

上司：うちの製品でうまくいくかな？　それにうちはSNS広告はやらない方針でしょ。

A：**なぜSNS広告はやらない方針なのですか？**

上司：昔、結構多額の予算を使ったんだけど、まったくうまくいかなかったんだよ。

A：**今回の仕組みなら当時よりもっと安くできます。**予算として見積りも作ってみました。

データで理由を示す。

今まで止められていた理由を質問。

禁止されていた理由が問題ないことを示す。

Point!

誰かの意見ではなくデータを示す

「何で、言ってくれなかったの!?」にどう対処するか?

――「言った言わない」の問題は仕組みで解決

顧　客：ねえ、先週セールをしていたんだって? 何で、言ってくれなかったの? 言ってくれたら買いに行ったのに……。

販売員：あ、いえ……。（先日会った時に伝えたのに。でも「言いました」とは言えないし。「早口だったので伝え方がよくなかったかもしれないです」と言うと、かえって怒る人もいるし、謝ると自分がミスしたみたいだし、何と言っておけばいいのかわからない……）

水掛け論をなくす「仕組み」の力

セール情報を伝えたはずなのに、聞いていなかったと主張する客に怒られています。

「先日来た時に伝えたのに」と思いつつ、そこに触れなかったのはよい判断だと思います。

「言った言わない」だと水掛け論になって、相手の心証を悪くするだけですから。

でも、続いて「謝ると自分がミスしたみたいだし」というふうに、**自分の問題として考えてしまうところは、変えたほうがいいんじゃないでしょうか。**

このケースでやるべきことは、「セール情報を顧客に伝える」という作業を個々人の裁量にすると、こういう「言った言わない」も起きやすく、セール時の売り逃しにもなるので、会社として仕組みをきちんと作るべきだと思うんです。だから、あとはそれを上司やしかるべき人に提案すればいいだけですよね。「せっかく需要があるのに、同じようなことが起き続けると、機会損失も大きくなっていきます」と報告すればいい。

自分の手落ちかどうかの話をしている場合ではないんですよ。

Point!

個人の問題にしないことで、大きな改善が図れる

短気な人にあおられると言い返せない
——口頭で返さない

自分：ですから、このスケジュールでは……。
上司：へえ！　できないわけ？　なんで前から言わないの？（大声で）
自分：スケジュールについては自分に引き継がれた時点で決まっていて……。
上司：そう！　まあ、最初からスケジュールが破綻していたってことだよね！　そこをなんとかするのが仕事じゃないの？（大声で）
自分：なんとかするにも、予算も人も限られていますし……。
上司：もー、そもそもそんなこと相談してくるなよ。自分でなんとかして！（大声で）

感情的なやりとりから一刻も早く抜け出そう！

短気な人やヒステリーな人に大声でまくし立てられると、萎縮《いしゅく》してしまって何も言い返せなくなることがあります。

そうした相手に対しては、**直接口頭で返さないようにすればいいんじゃないでしょうか。**

ヒステリックで感情的になっている相手に対して、話してわかってもらおうとするのは難しい。「ですから、このスケジュールでは……」みたいに言い返すのは、怒りに火をつけるだけです。

感情的な人は、口頭で言い返されると、それを自分への攻撃と受けとめがちです。すると、より攻撃力が増すので、口頭での言い合いは時間の無駄になります。早い段階で**「まとめてメールでお送りします」**とか**「報告書を書きます」**みたいな形で返答すればいいと思います。

ゴミ箱を蹴ってみる

こういうヒステリックな人の逆鱗《げきりん》に触れやすい人って、だいたい決まっている気がします。もしターゲットにされた場合、避けるためには、どうしたらいいものなんでしょうか？

ゴミ箱を蹴るとかすればいいんじゃないでしょうか。要は、怒っている人は、自分より弱い立場の相手に怒っていることがほとんどです。身の安全が確保されているから怒っているんですよね。でもどんなに怒りっぽい人だって、ヤクザっぽい見た目の人が電車の中で態度が悪くても、絶対怒鳴らないと思います。

そういう**足元を見て怒ってくる人には、「こいつに怒ったら、何が返ってくるかわからないぞ」と思われるのが大事**です。怒られた時にいきなりゴミ箱を蹴ったりすると、大きな音がしてびっくりするじゃないですか。びっくりすると、人間は恐怖を感じる。そういう刷《す》り込みをしておくと、「こいつは怒ったら何をするかわからないから、怒鳴りつけるのはやめておこう」と考えて、ほかのターゲットを探すと思います。

そしてゴミ箱を蹴った理由を聞かれたら、「自分のふがいなさが許せなかったんです」などと、あくまで自分のせいにして話すとよいでしょう。そのほうが、誰かに怒っているより怖いですから。

また、**すごい大きな声で謝る**のも、結構効果的です。いきなり大きな声を出されると、やはり人はびっくりする。ものすごく近くで大きな声で謝ったりすると、反省しているように見えつつも、動物的には威嚇《いかく》されている状況ですよね。

あと、知り合いがやっていることなんですけど、謝りながらだんだん近づいていく。人って、パーソナルスペースに侵入されると不快になるんです。すごく謝っているんですけど、どんどんにじり寄っていくと、相手に「逃げなきゃ」とか、「後ろに引かなきゃ」という気持ちが生まれるんですよね。じわじわ寄っていくのも、ありじゃないかと思います。

それをやられると、気持ち悪くて次、怒れないですね。

動物的な気持ちの悪さを、相手に覚えてもらうっていうことです。

こう変わった！

自分：スケジュール的にどうでしょうか、ちょっと現在の仕事の状況を書き出してみますので、**メールで報告させてください。**そのうえでご判断願います。

上司：……わかった。早くしてよ。

早い段階で対話以外のやり方に持っていく。関係がこじれてからでは難しい。

Point!

ヒステリックな反応が予想される相手には、報告の仕方を工夫する

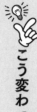

会議で反論されて焦る

——すべての反論を取り込んで前に進む

A：ということで、今までのPRにショート動画を加えることで、若年層の認知を広げていけたらと思います。

他部署のB：すみません、Aさんのプランですが、インスタ広告とかでもいいんじゃないでしょうか？

A：ショート動画には手軽に見られるというメリットがあって……。

（インスタ広告、それは考えてなかった……。どうしよう？？）

他部署のC：ショート動画がいいという根拠となるデータなんですが、最新版でもう少しセグメントが分かれて出ているものがあると思います。

A：あ、そうなんですか？　でもこのデータでも大まかなことはわかりますし、そんなに変わらないいんじゃないかと思いますけど……。（突然の展開に焦る）

反論は「ありがたい」と受けとめる

プレゼン中に反論されるのが苦手という人は結構いるんですけど、「教えてもらってありがたい」と考えればいいわけで、本来は焦る必要はないですよね。

すべての状況を想定して情報を持っている人はこの世にいません。何か指摘をされたら、**「それは確かに調べていなかったので、調べておきます」**と言えばいいだけです。

反論されるのが嫌な人は、下手《したて》に出る返し方を知らないだけな気がします。

だからこそ、想定していなかったプランの話を出されると動揺して、「ショート動画には手軽に見られるというメリットがあって……」などと、初めから用意していたことしか言えなくなる。臨機応変な対応ができないんでしょう。

そもそもツッコまれたとしても「反論しなければならない」と思う必要はないんです。

「確かに、そうですね！ ありがとうございます」と言って、次に進めばいい。**「ツッコ**

まれ慣れ」するのが大切であって、ツッコまれないように完璧なプレゼンをすることに注力するのは無駄だと思います。

また、この会話例の中でインスタ広告の利用を挙げたのは別の部署の人ですが、だったら**「それはいいですね！　インスタ広告もやりましょう！」**と乗ればいいと思います。「ショート動画よりインスタ広告のほうがいいと、別の部署のBさんが言っていたので、このプランも混ぜました」と、「インスタ広告」についてはその人の責任にして、巻き込んでしまうのです。これで失敗しても「インスタ広告」については、別の部署のBさんが言ったことに従ったので」と言えば、自分の責任にはなりません。

そもそも会議でいいアイデアが出たら、それを企画書に足していって、その場にいたみんなで決めたものにするのが、一番いいんです。

「自分1人で作った企画書を通してやる」などと利己的になりすぎると、責任はすべて自分で負わなければいけなくなります。しかしその場でみんなで決めたことにすれば、自分の責任は極限まで少なくなります。で、うまくいったら「俺の成果だ」と思えばいい。なので、誰かに意見を言ってもらったら、それをどんどん取り入れてプランを完成させる、という考えにシフトしたほうが効率的かつ、効果的だと思います。

もちろん、明らかに間違っている指摘については、きちんとした根拠を持って反論すればよいでしょう。

データでツッコまれた時

もう1つ、調べていないことを聞かれた際に、慌ててしまう人もいますね。

この例でも他部署のCさんに「最新のデータがあるのではないか」と指摘されています。

そういう時は、**「調べてから、お持ちします」**と返すのが一番よいでしょう。228ページの会話のように、最新のデータを押さえていないにもかかわらず、「そんなに変わらないんじゃないか」などと憶測で知ったかぶりの発言をするのはよくないと思います。

知りもしないことを適当にとりつくろうよりは、「知らないから知らない」と言ったほうが、あとあと損しません。

急いで通したい場合や、その場ですぐ調べられるものであれば、「今確認しています」

でもよいと思います。

そもそも、データについてツッコんできた人と対決する必要はないですよね。

「じゃあ、最新データを今ここで調べてみますね」

「SNS広告がどんな商材で動きやすいのか、参考になりそうなデータを知りませんか？」

「ついでに、さっき触れたショート動画の最新版データのほうも、どなたか知りませんか？」

と言って、周りの人をリサーチ要員代わりにすることもできますしね。

ツッコまれることに慣れよう

これは会議全般にいえることなのですが、**そもそもツッコまれることを気にしすぎるのが、よくない**と思います。

頑張って大量に資料を用意する人がいますが、そうなると、苦労して準備した分、元々の考え方に固執しがちになる。だから、パワポの資料は、なるべく少なくしたほうがいいんです。

ツッコまれないように何を調べておけばいいのか、というのは「慣れ」の問題なんです。自分が調べた内容に反映するつもりで会議の様子を観察する癖をつけると、こういうのは聞かれるけど、こういうのは聞かれないな、という傾向がある程度わかってきます。

たとえば「部署内の会議だと、課長がその商品の市場の大きさについていつも聞いてくる」とわかれば、マーケットの状況を調べるだけでいいし、「局長が参加する会議だと、局長が毎回、差別化について聞いてくる」と気づけば、ライバル商品との比較表を作ればいい。繰り返すことで「必要な資料」と「要らない資料」がわかってくるはずです。

クライアントへの営業も同様です。それぞれの業種・企業で聞かれやすいことがあるはずなので、そうした傾向を押さえておけばよいでしょう。

最初のうちはいろいろと調べなければいけなくて大変に思うかもしれませんが、**調べた知識はその後、別の機会でも役に立つことが多い**んです。そうこうするうちに、だんだんと調べる回数・量は減っていき、効率的になる。それって、周りから見ると、「こいつ一人前になったな」と成長したように見えるし、「この人、この業種のスペシャリストだな」と認めてもらえることにもつながります。

ここがダメ

A：ということで、今までのPRにショート動画を加えることで、若年層の認知を広げていけたらと思います。

他部署のB：すみません、Aさんのプランですが、インスタ広告とかでもいいんじゃないでしょうか？

A：ショート動画には手軽に見られるというメリットがあって……。（インスタ広告、それは考えてなかった……。どうしよう？？）

他部署のB：ショート動画がいいという根拠となるデータなんですが、最新版でもう少しセグメントが分かれて出ているものがあると思います。

自分が考えていなかったのは事実。相手の意見を取り入れる方向にしてみては。

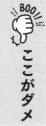

A ：あ、そうなんですか？　でもこのデータでも大まかなことはわかりますし、そんなに変わらないんじゃないかと思いますけど……。

知らないことは知らないと認めて、ありがたく新しいデータに差し替えればよい。

未来のことはデータではわからない

企画書や提案書に、「売れるかどうかのデータ」を示さないといけないという話を聞くことがあるのですが、**未来のことについては「データではわからない」**というのが正解ではないかと思います。

参考になる考えの1つが、スティーブ・ジョブズが唱えたとされる「マーケティングリサーチ不要論」ですね。

何か新しい商品やサービスを作り出そうとする時に、マーケティングリサーチをしても意味はない。なぜなら、顧客は自分たちがほしいものが何なのか、わかっていないからだ、というものです。過去に売れているデータを見ても、今必要なものは見えないということです。

たとえば、「足踏み式の健康器具」が売れているというデータがあったとします。しかし、それを受けて半年後に同じような足踏み式の健康器具を発売しても、売れるとは限りません。つまり、今売れているデータは、未来も同様に売れるというデータとしては、使えなかったりするんです。

これは、みなさんも経験があるかと思います。

昨今の日本だと、タピオカドリンク屋さんが雨後の筍《たけのこ》のように出てきましたよね。もちろん、みんながうまくいくわけじゃない。たいていのタピオカドリンク屋さんは、別の業態に変わるか、潰れているはずです。

過去の売上データで伸び盛りの時は、みんなうまくいっているんですけど、どこかのタイミングで失速する。未来予測に関して現状のマーケティングデータを使う際は、注意が必要なんです。

一方で、バカ売れした足踏み式の健康器具が発売される1か月前に出た別の足踏み式の健康器具がまったく売れなかった、というデータがあった場合には、このデータは役に立つと思うんですよね。足踏み式の健康器具を出せば必ず売れるわけじゃないことがわかりますし、「それではなぜ、あの足踏み式の健康器具が売れなかったのか？」をリサーチすることで、より精度の高い企画を立てることができるかもしれません。

データは組み合わせて使おう

プレゼンで「こうするとうまくいく」ということを示さなければならないことがあるのですが、データは役に立たないんでしょうか？

データは単体でなく組み合わせて使うといいと思いますよ。

未来について、データからなんらかの示《し》唆《さ》を得たいのであれば、より細かな見方が必要になります。

たとえば、スティーブ・ジョブズの本が売れていて、自社でもスティーブ・ジョブズの本を出したいけれど、どんなテーマなら売れそうなのかを知りたいとします。

スティーブ・ジョブズの伝記と、スピーチの本が10万部売れているというデータがあったとして、まったく同じものを出しても10万部売れるわけないじゃないですか。

そこで、スティーブ・ジョブズの本を買った人の職業を見ていったときに、エンジニアの割合が多いから「スティーブ・ジョブズのプログラミング」という本を出そうと思ったら「エンジニアのための書籍は、どのくらい売れるのか」というマーケットの人数は、参考になりますよね。

もしくは「職種に限定されずに売れているのではないか」と考えて、「スティーブ・ジョブズの瞑想」という企画を進めたいと思ったのであれば、「瞑想」の本のマーケットに関するデータが役立つでしょう。

こんなふうに組み合わせながら、データを見ていくとよいと思います。

こう変わった！

A ：ということで、今までのPRにショート動画を加えることで、若年層の認知を広げていけたらと思います。

他部署のB：すみません、Aさんのプランですが、インスタ広告とかでもいいんじゃないでしょうか？

A：**なるほど、それも入れてみましょうか？**（他部署の意見でインスタ広告も試せるなんて、ラッキーだよね。失敗したら別の部署の提案だ、と言えばいいし……）

他部署のC：ショート動画がいいという根拠となるデータなんですが、最新版でもう少しセグメントが分かれて出ているものがあると思います。

A：あ、そうなんですか？ **今データを差し替えますので、どこから出されているデータか教えてもらえますか？**

反論を取り込んでいく姿勢で。

有用なデータを教えてもらえたと思って、ありがたく差し替えよう。

Point!

ほかの人の意見も取り入れて、提案を充実させる方向で

超体育会系的上司が押しつけてくる仕事を断りたい

――上手に「仕事が進んでいない」アピールをしよう

課長：悪いんだけど、来週月曜日までにこのデータを整理しておいてくれないかな。

A：すみません。実は、今週中までに完成させなければいけない資料があって、それが金曜日まではかかると思います。その後で作ることはできますが……。

課長：何でやってもいないのに、できないって言うんだ！

A：Bさんは今手が空いてそうなのですが……。

課長：あなたが、こちらの仕事を優先すればいいじゃないか！

A：今、作成中の資料は自分が担当しているプロジェクトの資料で、ほかの人に頼めません。社長や役員向けの資料と、社外の関係者向けの資料の、両方を作る必要がありますし。多くの方がかかわっているものなので、万全を期したいのです。

課長：何で、そう、どっちかという考え方をするんだ。どっちもやればいいじゃない

無理を言われてもできないことを学んでもらう

ウチの会社にも、こういう上司がいます。「当たって砕けろ！」を人生の信条にしているというか……。「ダメかどうかは、やってから言え」みたいな感じで、とてもやりにくいですね。物量的にどう考えてもできない仕事を渡されて、どうにかやってみてできたところで、またさらに大変な仕事を任されるし。できなければ「何でできないんだ」「仕事のやり方が悪いんだ」と言われるので、どっちにしろいいことがないなと。

このケースでは、「残業していいですか？」という質問をするのも手だと思いますね。Aさんの言っていることが正しくて、時間内にはもうできませんという状態であれば、あとは労働時間をどう確保するかという話です。残業していいんだったら残業してやれば

ここがダメ

いいし、残業したくないのであれば「この労働時間ではできません」と言うしかないと思います。

気になるのは、Aさんの「Bさんは今手が空いてそうなのですが」という言葉。相手からすると、自分が仕事をしないための方便を語っているように聞こえます。

この言い方だと、「ダメかどうかは、やってみてから言え」という課長が納得するはずもないと思います。

こんな上司に対しては**「じゃあ、やってみます。こういう理由から難しいと思いますけど、やってみます」と言って、真面目にやらなければいいと思います。**

そして、時間が経ったところで、「やはり、できませんでした」「できないって言ったじゃないですか」というやりとりをします。

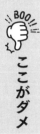

課長：何でやってもいないのに、できないって言うんだ！
A：Bさんは今手が空いてそうなのですが……。
課長：あなたが、こちらの仕事を優先すればいいじゃないか！

「ダメかどうかは、やってから言え」と考えている課長には、仕事をしないための方便に聞こえる。

注意点としては、上司とのやりとりをテキストに残しておくといいでしょう。

たとえば、引き受けて3日後ぐらいに「これ全然時間がなくて、まったく進んでいないので、来週月曜日までは無理だと思いますよ」とメールで打っておく。それでも頑張れと言うのなら、また2日後くらいに「やはり、間に合わない気がします。無理だと思います」とメールしたうえで、月曜日に「できませんでした」と報告する。

いきなり月曜日に「ゼロです。まったくできていません」と言うと、たぶん課長も困ると思います。なので、「できていないし、進んでいない」ということを事前にちゃんとアピールして、「できないことはあらかじめちゃんと言った」というふうに形に残しておくんです。もしくは37ページで説明したように上司の上の立場の人をメールで巻き込んでおくのもいいですね。

「真面目にやらなければいい」と述べましたが、こういうケースで仕事を受けたとして、期日に仕上げられるように頑張ることがいいとは限りません。「強い言葉で押しつけたら、なんとかこなしてくれた」ということが一回成立すると、相手は味をしめて何度も同じことをしてくるんです。なので、**強硬的に押しつけても、物事がうまくいかない経験を相手にしてもらうことも大切**なのではないかと思います。

こう変わった！

課長：悪いんだけど、来週月曜日までにこのデータを整理しておいてくれるかな。

A：今週中までに完成させなければいけない資料があって、それが金曜日まではかかると思います。その後で作ることはできますが……。

課長：何でやってもいないのに、できないって言うんだ！

A：わかりました。**別の仕事もあるので残業になるとは思いますが、やってみます。**

とりあえず仕事を受けておく。社内的に問題になると困るの

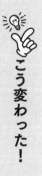

（3日後）

A：（メールで）これ全然時間がなくて、まったく進んでいないので、来週月曜日までは無理だと思いますよ。

（さらに2日後）

A：（メールで）やはり、間に合わない気がします。無理だと思います。

（当日）

A：やはりできませんでした。メールで何度も報告した通りです。

課長：仕方ないな……。

で「残業してもいいですか？」ということも聞いておこう。

「進まない」ことを報告。

「進まない」ことを再び報告。

できないものはできないとわかってもらおう。

Point!

「できません」アピールも時に大事

SNSで悪意のあるコメントを受けた場合

議論ではないんですけど、ひろゆきさんは、SNSでネガティブなコメントや攻撃的なコメントが来た時も、冷静に対応されているイメージがあります。そんな時の対処法みたいなのって、ありますか？

SNSでのコメントについては、べつに対応する必要はありません。「こいつヤバいな」と思ったら、無視してミュートすればいい。お金儲けでも仕事でもないので「対応しないといけない」という考え自体が間違ってるんじゃないかなと思いますけど。

最後に、SNSについて触れておきます。

基本的にSNSは、暇つぶしでみんなやっています。何かしなければならないと考えている時点で、もう間違えているんです。いつでもやめていいし、放っとけばいいものなんで。企業アカウントもそうです。**わざわざ失礼なコメントをしてくる人に返す必要はないですよね。**

なので、悪意のあるコメントなんかに対しては、「ミュートする」でいいんじゃないでしょうか。ブロックすると、相手にブロックしたことがわかってしまうので、余計に面倒が増える場合がありますが、ミュートはバレません。自分には見えないので、何かあっても自分ではわかりませんし。それで放っておくのがいいでしょうね。

僕はネガティブなコメントにも返信することがありますが、これは、あまり他人に勧められるやり方ではないでしょう。というのも、僕の場合、反論が来るようなやり方をあえてやっているところがあります。

それをやるメリットの1つは、ポスト（旧ツイート）の拡散のためです。これはあまり一般の人向けではないかもしれませんが、X（旧ツイッター）のアルゴリズムとして、返信が多くついたものほど、ほかの人のタイムラインに載りやすいという仕様があったんです。なので、ある程度反論がつくほうが広まりやすかった。

また、自分と違う考えで、説得力のある人の話を聞きたい、という理由もあります。一般論をそのまま言うと、あまり反論が来ないのですが、ちょっと尖《とが》った表現を使うと、言い返したい人がやってくるんです。時に「確かにそうだよね」という反論が来たりするので、さまざまな意見を見て面白いな、と楽しんでいます。

情報収集的な部分で付け加えると、半歩進んで世の中を見たほうが、よりいろいろなものが見えるということもあったりします。「ちょっとそこには進まないほうがいいよ」と一般的に思われているテーマについて、半歩だけ進んで発言してみると、思ったよりリアクションが来ないパターンと、すごく来るパターンがあるんです。その反応でこのテーマは踏み込んでいいんだとか、こっちは進んじゃいけないんだ、ということがわかったりするんですよね。

たとえば、テーマによっては、すごく粘着質な人が来ることもあるんです。そういうのを見ると、「だから、みんなこっちに行かないんだな」とわかって、僕としてはよいデータが得られた、と思います。

逆にみんなが危なそうだと思っているけど、発言しても全然大丈夫な話題もあったりする。そういうのを知るうえでは、ちょっと尖った言葉を使って耳目《じもく》を引いたほうが、有効なこともあるんですね。

こういう線引きができることは、あるジャンルの人にとっては大事です。

テレビなど多くの人が視聴するメディアに出て話す人は、今このテーマについてどんな考えを持っている人が多いのかとか、どこまでが許容される範囲の発言なのかを、ある程度知っているほうがいいでしょう。バラエティ番組の司会者をやっていたあるタレントさんも同じことを言っていましたね。これは、メディアに出る人だけでなく、企業広報やマーケティング担当の方も同じだと思うんです。このラインは守るべきだけど、ここのラインは実は守らなくても大丈夫だよね、ということがわからないと、炎上や大騒動を招くこともあります。危険察知力は大切です。

Point!

SNSでは「対応しなければならない」と思わなくていい

おわりに　不毛な議論をなくそう

さて、「おわりに」です。

この本を読んでいる人には、

「声が大きい人に対して言い返しづらい」

「いつの間にか言いくるめられている気がする」

「圧を感じる人と話しづらい」

などと、コミュニケーションにおいてそれぞれ苦手な場面があるんじゃないかと思います。

最後に、苦手な場面に遭遇した時に、冷静に思い出してほしいルールをお伝えしておきます。それは、

「自分はロジカルに判断して、相手には冷静に判断させない」

ということです。

たとえば、何か物を売る時には、対面のほうが売れやすいんです。資料だけ置いて「必要でしたら連絡してください」だと、「いらない」と気づかれてしまうことも多い。つまり、冷静な判断をされてしまうんです。

そこで、わざわざ足を運んでその場で説明することで、冷静な時には買わない商品が、なぜか売れてしまう。

普通は同じような商品なら「一番安いのを買おう」というのが合理的な判断ですが「ちょっと高いけれども、この営業担当者はいい人だから買ってしまおう」という判断をさせることで、利益率につながります。この「ロジックで考えさせない能力」が大事なのですね。だからこそ、対面営業では「声が大きい人」「イケメン・美女」が成果を出しやすかったりします。

でも、この本でまとめたように、自分が思うように意見を言えない人でも、できることはたくさんあります。

オンラインは「声の大きさ」を無効化する

今は、本当に苦手であれば、「直接会わない」という方法もとれます。

そもそも、営業担当でなければ、リアルタイムで顔を合わせて話し合いをしなければいけない理由は、ほとんどないでしょう。むしろ、リアルタイムの議論でないほうが、よいことも多いと思います。

オンラインでのやりとりであれば、その場で必要になった資料なども、時間をかけて探すことができますし、参加者はそれを読んで、自分のタイミングで返答すればいい。リアルのやりとりだと、話についていけない時に「じゃあ、ちょっとこれ読むから、20分待って」なんてことはできません。

もちろん、顔を合わせたほうがいいこともあります。「こういうサービスをどういうふうに活かせるだろう」という相談や、「面白い企画を立てよう」といったブレストだと、データではなく面白いと感じる場の感覚が重要だったりするので、じかに会って話しているほうがうまくいく場合もあります。

でも、それ以外なら、口頭ではないほうが、だいたいうまくいくのではないでしょうか。

例を挙げると、パッケージのデザインが3パターンあり、その中からどれに決めるかを話し合うとします。

その時、制作したデザイナーのうちの1人が、熱意を込めて話したりすると、ついついそれに流されてしまいがちです。**でも実際のユーザーは、デザイナーの熱意とは関係なく、純粋に自分の好きなデザインを選びます。**

要は、デザイナーの熱意が判断に入ってしまう時点で、誤った結論を出す可能性も高くなる。口頭で話し合いをして、その中で決めようというのは、こういうマイナス面のほうが大きいんじゃないかと、僕は最近思っているんです。

熱を持って話すよりも、「今の若者はこんなデザインが好きだというデータがあります」と資料を添えて伝えるほうが実際のユーザーの感覚に近いものが選べます。データを確認するだけなら、みんなで顔を合わせて議論する必要はありません。

この本の最初にも「声が大きい人が勝つんですか」という話が出ていましたが、この**「声が大きい」の効果は、チャットやメールだと無力化します。**だからこそ、「声の大きさが武器」という人は、対面を好むということになるんじゃないでしょうか。だったら、苦手な人にとっては、「会わないほうが冷静な判断ができる」ってことになりますよね。

大切なのは、自分が得意なほうをちゃんと見極め、こっち側で攻めたほうがいいなとか、ここは不得意だからアプローチを変えようとか、そんなふうにやっていくことではないかなと思います。

その場にいるだけで発言力のある人、何もしなくても自然とみんながその人の話を聞いてしまうような人は、やっぱりいます。

でも、そうでない99%の人には、99%の人なりのやり方があります。

誰かの言いなりで生きるのか、自分の考えや気持ちを大事にするのか。

その場の流れにいつも任せるのか、自分の意見を伝えることで、より建設的な場を自分で作っていくのか。

それは、本書で紹介したような、ちょっとした言葉の使い方一つでも変わってきます。

自分の性格は変わらなくても、人間関係をこじらせなくても、伝え方一つで、世の中をより生きやすいものにできるのだと思います。

まずは相手にしゃべらせて、相手を知ることができれば、相手に気持ちよく動いてもらえます。

それができれば、不毛な議論もなく、勝ち負けに煩わされずに、建設的に物事を動かしていけるんじゃないでしょうか?

2023年11月

ひろゆき

ひろゆき（本名：西村博之）
1976年生まれ。東京都北区赤羽で育つ。1996年、中央大学に進学。在学中に、アメリカ・アーカンソー州に留学。1999年、インターネットの匿名掲示板「2ちゃんねる」を開設し、管理人になる。2005年、株式会社ニワンゴの取締役管理人に就任し、「ニコニコ動画」を開始。2009年に「2ちゃんねる」の譲渡を発表。2015年、英語圏最大の匿名掲示板「4chan」の管理人に。2019年、「相手の人格を否定すること」を禁じた新たなSNSサービス「ペンギン村」をリリース。2021年、自身のYouTubeチャンネル（登録者数160万人 2023年10月25日現在）での生配信を元にした「切り抜き動画」が話題になり、1か月の総再生回数は3億回を超えた。
主な著書に、『論破力』（朝日新書）、『1%の努力』（ダイヤモンド社）、『自分は自分、バカはバカ。』（SBクリエイティブ）、『日本人でいるリスク』（マガジンハウス）などがある。

ひろゆきさん、そこまで強く出られない自分に
負けない話し方を教えてください！

2023年12月 1 日　初版印刷
2023年12月10日　初版発行

著　者　ひろゆき
発行人　黒川精一
発行所　株式会社 サンマーク出版
〒169-0074 東京都新宿区北新宿2-21-1
電話　03（5348）7800
印　刷　共同印刷株式会社
製　本　株式会社若林製本工場

ISBN978-4-7631-4100-2　C0030
ホームページ　https://www.sunmark.co.jp